Zu diesem Buch

Siegfried Lenz ist einer der wenigen Schriftsteller, die in der Entwicklung der jüngeren deutschen Literatur neue Akzente gesetzt haben; der große Erfolg seines Romans «Deutschstunde» hat es erneut bestätigt. Aber neben dem Romancier, neben dem Verfasser von Geschichten, Essays und Hörspielen steht der Bühnenautor Lenz, der nach «Zeit der Schuldlosen» und «Das Gesicht» mit dem Schauspiel «Die Augenbinde» sein drittes Theaterstück vorlegt. (Uraufführung am 28. Februar 1970 im Düsseldorfer Schauspielhaus.)

Die Handlung zeigt Menschen in einer Extremsituation. Von der «zivilisierten» Außenwelt abgeschnitten, finden sich die Teilnehmer einer Expedition inmitten einer Gesellschaft, deren Lebensgewohnheiten und Machtstrukturen sich auf die Voraussetzung gründen, daß alle ihre Mitglieder blind sind. Diese Welt voller Bedrohung und Grausamkeit zwingt die «Fremden», den Anthropologen Professor Mosse, seine Tochter Carla und die anderen Wissenschaftler, zu Entscheidungen, die die Gruppe und den einzelnen in äußerste Konsequenzen führen. Menschliche Solidarität wird sichtbar, das Sichbeugen vor der nicht legitimierten politischen Macht und die furchtlose Behauptung der Freiheit: das Schauspiel wird zur Parabel.

In dem Dialog «Nicht alle Förster sind froh», dessen Schauplatz das Büro der Telefon-Seelsorge ist, stellt Lenz die Frage nach Möglichkeiten und Grenzen der Verantwortung.

Siegfried Lenz wurde am 17. März 1926 in Lyck/Ostpreußen geboren, kurz nach dem Ende des Zweiten Weltkriegs kam er nach Hamburg. Er studierte zunächst Literaturgeschichte, Anglistik und Philosophie, war dann einige Jahre Feuilletonredakteur und schrieb für den Rundfunk Hörspiele, Features und Satiren; daneben erschienen kleine Erzählungen und Aufsätze. Sein erster Roman hieß «Es waren Habichte in der Luft» (1951), es folgten unter anderem «Duell mit dem Schatten» (1953), «So zärtlich war Suleyken» (1955), «Der Mann im Strom» (1957), «Das Feuerschiff» (1961), «Stadtgespräch» (1963), «Der Spielverderber» (1965), «Deutschstunde» (1969), «Das Vorbild» (1973), «Einstein überquert die Elbe bei Hamburg» (1975) und «Heimatmuseum» (1978).

«Zeit der Schuldlosen» wurde am 19. September 1961 im Deutschen Schauspielhaus in Hamburg uraufgeführt, «Das Gesicht» kam am 18. September 1964 an der gleichen Bühne heraus. – 1952 erhielt Siegfried Lenz den René-Schickele-Preis, 1953 ein Stipendium des Lessing-Preises der Freien und Hansestadt Hamburg, 1961 den Gerhart-Hauptmann-Preis der Freien Volksbühne Berlin und den Ostdeutschen Literatur-Preis, 1962 den Literatur-Preis der Freien Hansestadt Bremen und den Georg-Mackensen-Literaturpreis für Kurzgeschichten.

SIEGFRIED LENZ

Die Augenbinde

SCHAUSPIEL

Nicht alle Förster sind froh

EIN DIALOG

rororo

ROWOHLT

54.–56. Tausend Dezember 1982

Veröffentlicht im Rowohlt Taschenbuch Verlag GmbH,
Reinbek bei Hamburg, März 1970
«Die Augenbinde»

«Nicht alle Förster sind froh»

Umschlagentwurf Werner Rebhuhn
Foto Rosemarie Clausen
Gesetzt aus der Linotype-Aldus-Buchschrift
und der Palatino (D. Stempel AG)
Gesamtherstellung Clausen & Bosse, Leck
Printed in Germany
580-ISBN 3 499 11284 1

Die Augenbinde

SCHAUSPIEL

PERSONEN

PROFESSOR MOSSE, *Anthropologe, Instituts-Direktor, etwa sechzig Jahre alt*

CARLA, *seine Tochter, Anfang Dreißig*

ERIK MARIA RADBRUCH, *Carlas Mann, Mosses Stellvertreter, etwa vierzig*

ALF KELLER, *Carlas Jugendfreund, gleichaltrig mit Carla*

HOFFMANN, *Angestellter des Instituts, nun Teilnehmer an der Expedition, Anfang Fünfzig*

MIRCEA, *etwa zwanzig Jahre alt, Sohn des Bürgermeisters*

DER BÜRGERMEISTER

GASPAR

DER OPERATEUR

SEINE ASSISTENTIN

VIER MÄNNER AUS DEM DORF

Uraufführung: 28. Februar 1970, Schauspielhaus Düsseldorf

ERSTER AKT

Dekoration: Veranda eines großen, verkommenen Holzhauses. Auf der geräumigen Veranda Korbstühle, zwei Tische, ein altmodisches Grammophon. Links eine Hängematte. Die Doppeltür, die ins Haus führt, steht offen. Die Erde ist rötlich, sie wirkt wie verbrannt, keine Büsche, keine Bäume. Hartes Licht. Jeder Eindruck von Exotismus ist zu vermeiden. In der Hängematte liegt Mircea. Sitzend an einem Tisch Friedrich Mosse und Erik Maria Radbruch; stehend am Geländer, lauschend, Carla. Beim Versuch, das Grammophon in Gang zu setzen, Alf Keller.

CARLA *bilanzierend*: Wir hätten uns wehren müssen.

RADBRUCH: Wehren? Wie denn?

CARLA: Ich habe das Gefühl, wir hätten uns wehren sollen.

MOSSE: Auf der Brücke? Außerdem ... Sie waren blind ... Alle, die auf einmal da waren ... die uns da in die Enge trieben, waren blind ... Das hast du doch gesehen.

RADBRUCH: Und du kannst doch nicht ... Gewalt anwenden gegenüber einem Blinden.

CARLA: Sie haben Gewalt angewendet ... Sie ja.

MOSSE *beschwichtigend*: Weil ihnen nichts anderes übrigblieb ... Aber wir, mein Kind, mit all unserer schauderhaften Überlegenheit ... Wäre es dir gelungen, diese Überlegenheit auszuspielen?

RADBRUCH: Hätten wir sie – nacheinander – in den Fluß stoßen sollen?

CARLA: Sie waren bewaffnet ... Jeder von ihnen hatte zumindest ein Messer.

MOSSE: Wir waren besser bewaffnet ... Und wir haben ihnen unsere Waffen ausgeliefert, wie sie es verlangten ... Und ich halte das immer noch für richtig ... Man kann doch nicht – also ich bringe es nicht fertig, gegen einen Blinden zu kämpfen.

CARLA: Sieben Tage ... sieben Tage haben wir diesen Ort beobachtet ... Ich sage nur, wir hätten uns wehren müssen ... Ich habe das Gefühl, dies ist das Ende unserer glorreichen Expedition. *Sie dreht sich um, macht eine resignierte Geste, geht langsam zu Alf hinüber.*

RADBRUCH: Unsinn! *Zurücknehmend:* Entschuldige bitte, Carla ... Ich meine, du siehst einfach zu schwarz ... Ich muß gestehen, dieser Zwangsaufenthalt macht mich – ja, er macht mich erwartungsvoll ... Du wirst sehen, wie rasch sich alles aufklärt.

CARLA: Glückliche Heimreise.

RADBRUCH: Wie bitte?

CARLA: Ich sagte, glückliche Heimreise.

MOSSE *vermittelnd*: Bitte, Kinder –

RADBRUCH *steht auf, geht zur offenen Tür*: Du bist besorgt, Carla ... Und außerdem gereizt ... Und in diesem Zustand fehlt dir einfach das Augenmaß für unsere Lage ... *Versöhnlich:* Was kann denn besonderes geschehen? ... Wir haben einen Ort entdeckt, in dem alle Einwohner blind sind ... *Schnell:* Vermutlich eine Abart der Ägyptischen Augenkrankheit ... *Wieder normal:* Wir haben den Ort ein wenig erkundet ... Und wir haben uns, nicht wahr, ein wenig mit dem

Verhalten der Bewohner befaßt ... Das ist alles ... Und jetzt hält man uns hier ein wenig fest ... Bis sich alles aufgeklärt hat. Papa hat recht: Es gibt Augenblicke, in denen man darauf verzichten muß, seine natürliche Überlegenheit auszuspielen.

CARLA: Und warum? Warum?

RADBRUCH *achselzuckend*: Aus Fairness ... Würde ... Was du willst.

CARLA: Ich begreif das nicht. *Zu Alf*: Begreifst du das, Alf?

ALF: Was?

CARLA: ... daß man seine natürliche Überlegenheit nicht ausspielen darf ... in gewissen Augenblicken.

ALF: Hat das dein Mann festgestellt? ... Also, wenn er das festgestellt hat –

RADBRUCH: Erinnere dich doch, Carla ... Sieh doch hinaus ... Die Männer, die uns auf der Brücke stellten: blinde Männer ... Der Ring der Wächter: blinde Männer ... Keiner ist dir auf natürliche Weise gewachsen ... Was also kann uns schon geschehen?

CARLA: Ich weiß nicht ... mir ist einfach nicht wohl.

ALF *lauscht gebückt*: Der Kasten geht und geht nicht.

CARLA: Man hört nichts.

ALF: Die Übertragung auf den Lautsprecher – es liegt nur daran.

RADBRUCH *ruft in die offene Tür hinein*: Hoffmann! *Pause.* Hoffmann?

HOFFMANN *erscheint, tritt jedoch nicht auf die Veranda*: Herr Doktor?

RADBRUCH: Schon was gefunden?

HOFFMANN: Nichts.

RADBRUCH: Auch nichts zu trinken?

HOFFMANN: Nichts zu trinken, nichts zu essen ...

RADBRUCH: Suchen Sie weiter.

HOFFMANN: Wir hätten genug ... Unsere Vorräte würden schon ausreichen ... Aber sie haben uns alles genommen ... bis auf die Aufzeichnungen, die haben sie uns gelassen ... Ausgerechnet. *Er verschwindet.*

RADBRUCH *an den Tisch zurückkehrend*: Müssen wir besorgt sein darüber?

MOSSE: Worüber? Daß sie uns nur die Aufzeichnungen ließen? *Überlegend:* Etwas verbirgt sich dahinter ... Das spür ich ... Aber was?

RADBRUCH: Es scheint ihnen nicht daran gelegen zu sein, zu erfahren, was wir über sie notiert haben.

MOSSE: Wem ist schon daran gelegen ... Sie müssen ihrer selbst sehr sicher sein ... Außerdem, sie können die Aufzeichnungen nicht lesen.

ALF *kapitulierend*: Es geht nicht ... Ich geb's auf ... Die Übertragung funktioniert einfach nicht.

CARLA: Die Platten?

ALF: Keine Titel ... unbeschriftet. *Er geht zum Tisch.*

CARLA: Keine Namen?

ALF: Ohne Namen, wie alles hier.

RADBRUCH: Ich denke, der Ort heißt Mallidor.

ALF: Der Ort heißt nicht Mallidor.

RADBRUCH: Einer nannte ihn so.

ALF: Andere nannten ihn anders.

RADBRUCH: Also auch das ist nicht sicher.

ALF *mit geheuchelter Hochschätzung*: Nein, Herr Doktor ... Auch das ist nicht sicher.

RADBRUCH *gequält*: Bitte – muß das sein?

ALF *erstaunt*: Muß was sein?

RADBRUCH: Diese – ich meine diese Art der Anrede ... Wir kennen uns nun schon so lange ... Haben soviel geteilt ... Wäre es da nicht an der Zeit, wenn wir –

ALF: – den Respekt voreinander aufgäben?

RADBRUCH: Gewissermaßen gehören Sie ja zur Familie.

ALF: Gewissermaßen ... *Bitter, erheitert:* Aber eben nur ... gewissermaßen.

RADBRUCH: Und Carla kennen Sie sogar länger als ich.

ALF: Das hat mir wenig geholfen.

MOSSE *seufzend; er beschäftigt sich mit seinem Schmerz*: Könnt ihr denn nicht aufhören ... Mein Gott, könnt ihr denn nicht aufhören ... Wer weiß, wie sehr wir noch aufeinander angewiesen sein werden ... auf dieser Expedition.

ALF *mit gespielter Autorität*: Die Expedition ist beendet ... Und für alle, die zweifeln ... hiermit erkläre ich das Ende der Expedition.

RADBRUCH: Das glauben Sie doch selbst nicht.

ALF *mit sardonischem Vergnügen*: Unsere Aufgabe ist erfüllt ... Wir haben – im Auftrag des anthropologischen Instituts – achthundert Schädelmessungen vorgenommen ... Es ist uns gelungen ... diese Messungen bei einem Stamm durchzuführen, der ... sage und schreibe ... die ganze Geschichte der Zivilisation übersprungen hat ... Gestern noch Feuerstein ... Heute Schniewinds repräsentatives Gasfeuerzeug ... Und das alles ohne seelischen Schaden.

MOSSE: Hören Sie doch auf, Alf.

CARLA: Setz dich hin ... Du bekommst auch meine letzte Zigarette.

Alle stehen auf oder wenden sich um, blicken erwartungsvoll auf den Platz, auf dem drei Männer erschienen sind, der Bürgermeister mit zwei Begleitern. Einer der Begleiter trägt eine lederne Binde um die Augen. Die Männer bewegen sich verhalten, doch sicher, keineswegs mit der würdevollen Achtsamkeit, mit der sich Blinde oft bewegen. Sie tragen leichte Drillichanzüge, Sandalen. Der zweite Begleiter des Bürgermeisters hat sechs lederne Augenbinden in der Hand. Die drei Männer steigen auf die Veranda hinauf. Stummes Befragen und Messen, das durch die Haltung der Körper ausgedrückt wird.

BÜRGERMEISTER *in einem Ton erbarmungsloser Höflichkeit*: Professor Mosse?

MOSSE: Ja?

BÜRGERMEISTER: Es lag nicht in unserer Absicht, Sie und Ihre Freunde so lange im Ungewissen zu lassen ... Wir bedauern es.

MOSSE: Würden Sie uns vielleicht erklären –

BÜRGERMEISTER: Wir mußten uns beraten ... Und ich – als Bürgermeister – darf Ihnen sagen, daß der Spruch nicht einstimmig erfolgt ist.

MOSSE: Spruch? Welcher Spruch?

BÜRGERMEISTER: Wir haben hier unsere Gesetze ... Sie gelten für jeden, der zu uns kommt ... der Einblick in unser Leben genommen hat.

MOSSE *verwirrt*: Einblick?

BÜRGERMEISTER: Sie und Ihre Freunde haben sich sieben Tage hier aufgehalten ... Sieben Tage haben Sie uns beobachtet, erkundet, erforscht ... Und Sie haben Einblick genommen in unser Leben.

MOSSE *unsicher*: Ich gebe zu ... Unsere Expedition war sozusagen schon auf der Heimreise, als ... als wir diesen Ort entdeckten ... Wir wissen nicht einmal, wie er heißt.

BÜRGERMEISTER: Der Spruch geht davon aus, daß Sie ... nach allen Beobachtungen und Forschungen ein Risiko für uns darstellen.

MOSSE: Ein Risiko? Inwiefern?

BÜRGERMEISTER: Wir unterscheiden uns ... Und deshalb bin ich beauftragt, Ihnen eine Einladung zu überbringen ... *Pause.* Sie werden hierbleiben ... in diesem Haus ... Man wird Ihnen das Nötigste bringen – soweit wir es selbst entbehren können ... Ich möchte ... *Zögert:* ... allerdings möchte ich mich im voraus für die Mängel entschuldigen, die hier und da auftreten können.

MOSSE: Und wie lange ... ich meine, für wie lange gilt diese Einladung?

BÜRGERMEISTER: Bis es keine Unterschiede mehr gibt ... Zwischen Ihnen und uns ... Bis wir uns gleichen ... Sie selbst haben es in der Hand, die Dauer des Aufenthalts in diesem Haus zu bestimmen ... Solange die Unterschiede bestehn, bleiben Sie hier.

MOSSE: Und danach?

BÜRGERMEISTER: Können Sie zu uns kommen ... mit uns leben ... frei in unserer Gemeinschaft ... Wenn die Welt für Sie das geworden ist, was sie für uns ist ... wenn uns nichts mehr trennt – können Sie dies Haus verlassen und mit uns leben. Sie können sich entscheiden ... bis dahin muß ich Sie einladen, in diesem Haus zu bleiben ... *Fast bedauernd:* Unsere

Gesetze – sie gelten für jeden, der zu uns kommt. *Pause. Zu einem Begleiter:* Gaspar, gib ihnen die Augenbinden.

Gaspar tritt vor, hält ihnen die ledernen Augenbinden hin; da niemand sie ihm abnimmt, legt er sie behutsam auf den Tisch und tritt zurück.

MOSSE *fassungslos*: Was bedeutet das?

BÜRGERMEISTER *ruhig*: Augenbinden.

MOSSE: Aber wozu? . . . Wozu?

BÜRGERMEISTER: Um die Unterschiede aufzuheben.

MOSSE: Augenbinden?

BÜRGERMEISTER: Es ist altes, weiches Leder . . . Es ist leichtes Leder . . . Man gewöhnt sich zusehends daran . . . *Sachlich, es klingt nicht zynisch:* Sie werden überrascht sein, wie bald die Kraft des Sehnervs nachläßt.

MOSSE *sehr betroffen*: Wenn ich – wenn ich Sie recht verstehe –

BÜRGERMEISTER: Sie haben mich bereits verstanden – hoffe ich. Ihre Expedition wird die Heimreise hier unterbrechen . . . Für immer . . . Niemand von Ihnen wird nach Hause zurückkehren . . . *Pause.* Es liegt jetzt nur noch bei Ihnen, Ihre zukünftige Lebensweise zu bestimmen . . . Entweder: Eingeengt auf den Bereich dieses Hauses . . . Bewacht und sich selbst überlassen . . . Oder – falls es Ihnen gelingt, die Unterschiede auszugleichen, mitten unter uns . . . gehalten und gestützt von einer Gemeinschaft, die das Schweigen so gut kennt wie das Lachen und das Bedauern. *Pause. Ruft leise:* Mircea! *Ruft etwas lauter:* Mircea!

Mircea steigt aus der Hängematte, ein schöner, athletischer junger Mann mit nacktem Oberkörper. Er be-

wegt sich scheu lächelnd durch die Gruppe, tritt vor den Bürgermeister, verbeugt sich.

Es ist soweit.

MIRCEA: Ja.

BÜRGERMEISTER: Willst du sie selbst anlegen?

MIRCEA: Nein.

BÜRGERMEISTER: Gaspar. Leg ihm die Binde um.

Gaspar tritt an den Tisch, tastet nach den Binden; er nimmt eine Binde, bewegt sich auf Mircea zu, der den Oberkörper unwillkürlich, in stummem Protest, zurücklegt, aber stehenbleibt. Er läßt sich von Gaspar die Binde umlegen. Gaspar geht an seinen Platz.

BÜRGERMEISTER *zu allen*: Wenn Sie mich zu sprechen wünschen ... Wenn Sie etwas zu berichten haben: Sie können mich zu jeder Zeit erreichen.

Mit beiden Begleitern ab. Alle auf der Veranda blikken ihnen nach. Mircea hebt instinktiv die Hände, als wollte er die Binde wieder lösen, besinnt sich, läßt die Hände wieder sinken.

CARLA *zu Mircea*: Soll ich Ihnen helfen? ... Soll ich die Binde losmachen?

Pause.

MIRCEA: Nein ... Nein.

CARLA: Aber – Sie können sie doch nicht umbehalten.

Pause.

MIRCEA: Mit der Zeit wird es leichter.

Wendet sich in Richtung zur Hängematte, Carla führt ihn.

RADBRUCH *aus seiner Verblüffung erwachend*: Ein Mißverständnis ... Das kann doch nur ein Mißverständnis sein.

ALF *zynisch*: Ein Traum, Herr Doktor ... Aus der Gattung gewöhnlicher Angstträume.

RADBRUCH: Niemand kann solch eine Forderung stellen.

ALF: Eben.

RADBRUCH: Was meinst du, Papa?

MOSSE *fassungslos*: Es ist absurd ... Was man hier von uns verlangt, ist einfach absurd ... Das ist doch keine Wahl. Ich weigere mich, überhaupt daran zu denken ... Das ist Wahnsinn!

ALF: ... der am Ende gewinnen wird.

RADBRUCH *scharf*: Was wollen Sie damit sagen?

ALF: Nichts Neues ... Nichts Denkwürdiges ... Ein Wahnsinn, der am Ende gewinnen wird. *Zeigt zur Hängematte:* Es hat doch alles schon begonnen.

MOSSE *preßt eine Hand auf die Herzgegend, als ob ihn ein plötzlicher Schmerz getroffen hätte*: Jetzt fängt es wieder an. *Er setzt sich.*

RADBRUCH *tritt fordernd an die Hängematte, in der Mircea aufrecht sitzt*: Nehmen Sie die Binde ab ... Bitte ... Carla, nimm ihm die Binde ab.

CARLA: Er will sie umbehalten.

RADBRUCH *zu Mircea*: Stimmt das? ... Ist es wahr, daß Sie die Binde umbehalten wollen?

MIRCEA *gefaßt*: Mit der Zeit wird es leichter.

RADBRUCH: Das kann doch nicht Ihr Ernst sein ... Sie können doch nicht freiwillig diese Binde tragen, bis ...

MIRCEA: Ich habe sie schon einmal getragen.

RADBRUCH: Schon einmal?

MIRCEA: Damals war es mein linkes Auge ... Die Brücke stürzte ein, ich trieb gegen die Felsen ... Auf einmal konnte ich auf dem linken Auge sehen ... Dann gaben sie mir die Binde, und die Binde – half mir.

ALF *mit grimmiger Ironie*: Sie half ihm, Herr Doktor ... Haben Sie das gehört? Die Binde verursachte keine Schmerzen, sondern half ihm: die Sehkraft ließ glücklich nach.

MIRCEA *ruhig*: Das erste Mal banden sie mich an das Eisengeländer, unten beim Wasserfall ... Ich trug die Binde und hörte das Wasser stürzen ... Ich war allein die ganze Zeit.

RADBRUCH: Sie wurden festgebunden? Am Wasserfall?

ALF: Aus Gründen der Abwechslung.

MIRCEA: Diesmal war es mein rechtes Auge ... Ich war nicht vorbereitet ... Wir haben gerungen – es gibt sehr gute Ringer bei uns. Wir rutschten ab ... Er hielt mich und drückte mein Gesicht in die Disteln ... Dabei ist es geschehen.

RADBRUCH *wendet sich an Mosse, der reglos seinem Schmerz zu lauschen scheint*: Was sagst du? Was sagst du dazu, Papa?

MOSSE *zuckt hilflos die Achseln.*

RADBRUCH *wendet sich mit Entschiedenheit an Mircea*: Wir müssen uns jetzt Klarheit verschaffen. *In der Tonart eines Verhörs:* Ich habe gehört, Sie heißen Mircea.

MIRCEA: Ja.

RADBRUCH: Sie sind hier geboren in Mallidor.

MIRCEA: Mallidor?

RADBRUCH: Heißt der Ort nicht Mallidor?

MIRCEA: Nein.

Pause.

Radbruch: Sie haben immer hier gelebt?

Mircea: Ich habe – fast immer – hier gelebt.

Radbruch: Bei Ihrer Familie?

Mircea: Mein Vater ist Bürgermeister. *Pause.* Warum fragen Sie mich?

Radbruch: Weil Sie uns – vielleicht helfen können.

Mircea *verwundert*: Helfen? Wobei – helfen?

Radbruch: Uns wird das gleiche zugemutet . . . Wir sitzen im gleichen Boot . . . Sie sind hier, weil an Ihnen das gleiche verübt werden soll wie an uns.

Mircea: Ich will zurück. Zu den andern . . . Ich muß zurück.

Radbruch: Blind.

Mircea: Wie bitte?

Radbruch: Ich sagte: blind.

Pause.

Mircea: Alle sind es.

Radbruch: Das ist entsetzlich.

Mircea: Wir können glücklich sein . . .

Radbruch: . . . mit der Krankheit . . . *Schnell:* Ist es eine Art der Ägyptischen Augenkrankheit?

Mircea *will nicht darüber sprechen*: Ich weiß es nicht –

Radbruch *insistierend*: Aber das können Sie doch sagen: die Krankheit wird ausschließlich durch Ansteckung hervorgerufen . . .

Mircea: Fragen Sie mich nicht.

Radbruch: Sie brauchen ja nur zu bestätigen . . . Ich bitte Sie ja nur, unsere Beobachtungen zu bestätigen . . . Wir haben festgestellt, daß die Krankheit hier im Säuglingsalter auftritt, durch Infektion . . . Wir haben die vereiterten und geschwollenen Augen der Säuglinge gesehen ... Die hochentzündeten Augen ... Einwandfrei blennorrhöeische Formen ...

MIRCEA: Was erwarten Sie von mir?

RADBRUCH: Daß Sie uns helfen ... Sie können uns helfen, einiges hier besser zu verstehen. *Pause.* Zeigen Sie uns noch einmal – Ihre Augen.

MIRCEA *erschrocken*: Meine Augen? ... Gaspar hat mir die Binde umgelegt. *Hebt die Hände ans Gesicht, als wollte er verhindern, daß man die Binde gewaltsam löst.*

RADBRUCH: Einen Augenblick nur ... Es braucht nur ein Augenblick zu sein.

MIRCEA *schüttelt den Kopf*: Nein ... Nein.

RADBRUCH: Sie können sich nicht weigern ... Sie dürfen es nicht ... Sie wissen besser als ich, daß die Krankheit hier nicht nur jeden trifft ... sie ist auch der Geist, der alles durchtränkt ... Das Verhalten, die Gesetze, alles ... Um helfen zu können, muß man erst verstehen lernen ... Zeigen Sie uns Ihre Augen – Ich will mich nur vergewissern ... *Pause.* Auf der Bindehaut – sind das Granulationen?

MIRCEA *bestimmt*: Ich kann Ihnen nicht helfen. Ich kann die Binde nicht abnehmen. *Leise:* Es kann auch ein Unglück sein.

RADBRUCH: Was? Was kann ein Unglück sein?

MIRCEA *achselzuckend*: Alles verstehen zu wollen.

Radbruch will etwas sagen, verzichtet, geht langsam zum Hauseingang.

ALF *rufend*: Falls Sie sich hinlegen wollen ... Sie haben etwas vergessen.

RADBRUCH *wendet sich um, Alf deutet auf die Augenbin-*

den. Radbruch blickt ihn befremdet und empört an. Zu Mosse: Was sollen wir denn nun machen?

Alf: Auf keinen Fall die Erwartung aufgeben ... Hm? Ich hoffe doch, Herr Doktor, Sie sind immer noch erwartungsvoll.

Radbruch *gereizt*: Hören Sie doch auf.

Alf: ... dann täten Sie gut daran, sich diese Dinger anzusehen ... die Augenbinden. *Geht an den Tisch, sucht zwei Binden aus, hält sie Radbruch empfehlend hin.* Wer zuerst kommt, hat die Wahl ... Was meinen Sie? Welche steht Ihnen besser? Diese hier? *Hebt eine Binde hoch.* Offenbar allerfeinstes Ziegenleder ... Verhindert jeden Druckschmerz ... Sie verlieren schon nach kurzer Zeit das Gefühl, eine Binde zu tragen ... Oder ziehen Sie diese vor?

Radbruch: Menschenskind, spielen Sie sich doch nicht auf.

Alf: Und für dich, Carla, eine Binde aus Krokodilleder.

Radbruch: Sie kennen wohl keine Grenze?

Alf *mit gespielter Verwunderung*: Grenze? Überhaupt keine ...

Radbruch: Jedenfalls sind Sie der einzige, dem unsere Lage Vergnügen zu machen scheint.

Alf: In jeder Lage gibt es einen, der sein Vergnügen findet.

Hoffmann *bringt eine Flasche und ein Glas. Zu Radbruch*: Alles, Herr Doktor ... Das ist alles, was ich finden konnte.

Radbruch: Nichts zu essen?

Hoffmann: Scheint Alkohol zu sein ... Gin ... War gut versteckt hinter einem Balken ... Außerdem ein Beutel mit Tee.

RADBRUCH: Ist der Tee brauchbar?

HOFFMANN: Weiß nicht, scheint aber so.

CARLA: Ich – jetzt könnte ich einen Schluck trinken.

Alf nimmt Hoffmann die Flasche ab, füllt das Glas.

RADBRUCH: Du wirst nicht trinken, nicht jetzt.

ALF: Carla hat Durst. *Hält ihr das Glas hin.*

RADBRUCH: Es entspricht nicht ihrer Gewohnheit, Alkohol zu trinken.

ALF: Tun Sie nur, was Ihrer Gewohnheit entspricht?

RADBRUCH *bestimmt*: Du wirst nicht trinken, Carla.

CARLA *mustert Radbruch, verzichtet*: Danke, Alf.

ALF *trinkt*: Zu warm ... viel zu warm ... Dabei fällt mir ein: hat jemand schon mal gefrorene Tränen getrunken? Ich meine, einen Martini, der mit gefrorenen Tränen gekühlt ist?

HOFFMANN *zu Radbruch*: Ich werde Tee machen, Herr Doktor.

RADBRUCH: Haben wir Wasser?

HOFFMANN *erstaunt*: Wasser? Am Fluß unten ... Ich hole Wasser vom Fluß.

RADBRUCH *zögernd*: Das wird kaum möglich sein, Hoffmann. *Pause.* Wir – niemand von uns darf das Haus verlassen.

ALF: Es sei denn, mit diesem ledernen Schmuckstück über den Augen. *Hebt eine Binde hoch.*

RADBRUCH: Man verlangt von uns, diese Binden zu tragen – so lange, bis es keine Unterschiede mehr gibt.

HOFFMANN: Unterschiede? Was für Unterschiede?

RADBRUCH: Sie wissen doch, daß alle Leute im Ort blind sind ... Der Bürgermeister war hier ... Man erwartet von uns, daß wir diese Binden tragen –

HOFFMANN: ... damit auch wir – blind werden?

RADBRUCH: So lauten hier die Gesetze. Angeblich haben wir uns zuviel Einblick verschafft.

HOFFMANN *wirft die Binde auf den Tisch. Mit redlichem Protest*: Das glauben Sie doch selbst nicht ... Die solln's nur mal versuchen ... Außerdem, mit diesen Leuten werden wir allemal fertig ... leicht fertig ... die können uns doch nicht das Wasser reichen. *Auf Erprobung aus:* Wir können's ja mal versuchen ... jetzt gleich –

RADBRUCH: Geben Sie acht, Hoffmann.

HOFFMANN: Die können uns doch nicht hindern, Wasser zu holen.

RADBRUCH: Geben Sie acht.

HOFFMANN: Was kann denn schon passieren? Ich bin schneller –

RADBRUCH: Ja, Sie sind schneller und stärker und diesen Leuten überlegen ... sehr überlegen ... alles richtig ... Nur, gehen Sie nicht zu weit.

ALF: Wer seine verbliebenen Möglichkeiten herausfinden will, der muß es ... der muß manchmal zu weit gehen.

HOFFMANN: Jedenfalls, ich werde Tee machen. *Er geht ins Haus.*

CARLA *leise*: Laß ihn nicht gehn, bitte – laßt ihn nicht gehn.

RADBRUCH *beschwichtigend*: Er kommt gleich zurück.

CARLA: Er darf nicht gehn.

RADBRUCH: Du kennst doch Hoffmann ... Der nimmt es mit allen auf.

ALF: Meister im Freistil ... wenn auch in seiner Jugend.

RADBRUCH: Mach dir keine Sorgen.

Hoffmann erscheint mit einem Kessel, geht rasch die Treppe hinab, zögert plötzlich, lauscht, wendet sich um, erhält von Radbruch ein beruhigendes Zeichen und geht langsam über den Platz vor der Veranda.

MOSSE *mühsam*: Carla? Carla?

CARLA: Ja, Papa.

MOSSE *mit seinem Schmerz beschäftigt*: Ich muß mich doch hinlegen ... Hilf mir mal.

RADBRUCH: Ich kann dir helfen.

MOSSE: Carla macht es schon ...

Carla hilft ihm, aufzustehn.

Und ich dachte schon ... ich dachte, es sei besser geworden.

RADBRUCH: Wieder der Rücken?

MOSSE: Hier – jetzt sitzt es hier. *Legt eine flache Hand auf die Herzgegend, geht mit Carlas Hilfe auf die Tür zu.* Sagt Hoffmann, er soll mir einen Tee bringen, später.

RADBRUCH *beflissen*: Sobald er zurück ist, Papa.

Mosse und Carla ab.

ALF *schenkt sich ein Glas ein*: Haben Sie was dagegen? ... Es entspricht meiner Gewohnheit.

RADBRUCH *mit bitterem Protest*: Das ist doch phantastisch ... Das widerspricht doch aller Logik.

ALF: Nicht aller ... Ihrer Logik vielleicht.

RADBRUCH: Das ist doch eine Zumutung ...

ALF: ... und noch dazu am unpassenden Ort.

RADBRUCH *überhört die aggressive Ironie*: Also ich bin dafür, daß wir etwas beschließen ... Wenn Hoffmann zurück ist ... wir setzen uns alle zusammen und beschließen etwas.

ALF: Am besten gleich unsere Heimreise. *Er trinkt.*

RADBRUCH *ärgerlich und distanziert*: Was wollen Sie denn tun? Warten? ... Oder wollen Sie sich vielleicht darauf einlassen, zu tun, was man uns zumutet? Ich bin dafür, daß wir uns zusammensetzen und etwas beschließen ... Etwas unternehmen, meine ich.

ALF *nickend*: Das ist ein Wort.

RADBRUCH: Wie bitte?

ALF: – Ich sagte: das ist ein Wort ... Wir beschließen etwas, und die Welt zieht ihre Krallen ein ... Die Lage ist wieder einmal gerettet – durch Tatkraft.

RADBRUCH *feindselig, kalt*: Ich frage mich, wen Sie mit Ihrer Weisheit beglücken wollen.

ALF: Ich?

RADBRUCH: – Wenn Sie das Bedürfnis haben sollten, so zu tun, als ob Sie das alles nichts angeht ...

ALF: Ich? Ich hab das Bedürfnis?

RADBRUCH: ... dann können Sie wohl auf meine Gegenwart verzichten.

ALF: Sie irren sich ... Mich geht das alles sehr viel an ... Zuviel vielleicht ... Und darum versuche ich es zu verbergen.

RADBRUCH *kopfschüttelnd*: So lange ... Wir haben soviel zusammen unternommen ... Wir kennen uns so lange –

ALF: ... und trotzdem werde ich Ihnen immer unbekannter ... wollten Sie das sagen?

RADBRUCH: Ich komm nicht dahinter.

ALF: Das liegt an meinen Geheimnissen ... Sie wissen

doch: jeder ist soviel wert wie seine Geheimnisse wert sind ... Nimmt man sie ihm ... pfft – dann geht die Luft raus ...

RADBRUCH: Was wollen Sie damit sagen?

ALF: Gehn Sie – gehn Sie nicht leichtfertig mit Ihren Geheimnissen um.

Pause.

RADBRUCH: Wissen Sie, was Sie in meinen Augen sind?

ALF: Darf ich Ihnen abnehmen, es zu sagen?

RADBRUCH: Ein zu kurz gekommener Zyniker, der nur ... der nur auf Selbstgenuß aus ist.

ALF *mit gespielter Erleichterung*: Das geht ja noch ... Ich hatte gröberes Kaliber erwartet ... Niete oder Versager ... Etwas in dieser Richtung –

RADBRUCH: Und jetzt erlauben Sie wohl – *Will gehen.*

ALF: Der Professor hat Sie bereits gerufen ... *Lauscht.* Da, jetzt wieder ... Er ruft Sie unaufhörlich ... Seit den Ruinen ... Seit den Tagen in der Ruinenstadt höre ich ihn immer Ihren Namen rufen ... Aber vielleicht ist das nur eine Sinnestäuschung ... *Schenkt sich ein Glas ein.*

RADBRUCH: Das müssen Sie wohl näher erklären.

ALF: Noch deutlicher? *Trinkt.* So deutlich – bis zum Schluß nichts mehr übrigbleibt: ... wollen Sie es so haben, hm?

RADBRUCH: Sie haben etwas behauptet ...

ALF: Ich habe nichts behauptet ... gehört – ich habe nur etwas gehört ... Die Stimme des Professors, die Ihren Namen ruft ... Es sind Hilferufe ... *Lauscht.* Da, hören Sie nicht? Aus dieser Richtung – nicht dorther!

Radbruch *hat längst begriffen, achselzuckend*: Sie müssen auf einer besonderen Wellenlänge hören ...

Alf: Vielleicht. Das ist sogar gut möglich ...

Radbruch *plötzlich glaubt er zu verstehen, klar und bestimmt*: Wenn ich mich nicht irre ... Sie denken an das Unglück in der Ruinenstadt ... Na und? ... Wie Sie wissen, nahm alles einen guten Ausgang ...

Alf: ... einen guten Ausgang, ja ... Die Geschichte hat einen schlechten Anfang und einen guten Ausgang.

Radbruch: Wir haben oft genug darüber gesprochen.

Alf: Solche Geschichten gefallen mir nicht ... mit einem schlechten Anfang und einem guten Ausgang.

Radbruch: Zum Schluß entdeckten wir den Opferbrunnen und konnten dem Professor helfen ... Ich wüßte nicht, was uns mehr zufriedenstellen könnte als diese Tatsache.

Alf: Zum Schluß ja ... zu guter Letzt entdeckten wir ihn. *Er sieht Radbruch mit überraschender Härte an, seine Stimme erhält eine unvermutete Schärfe.* Wir haben oft genug darüber gesprochen ... Nur über etwas nicht.

Radbruch: Und was sollte das sein?

Alf: Daß Sie dabei waren, als die Opferbank brach! ... Daß Sie dabei waren, als der Professor abstürzte ... Daß Sie sich über den Brunnen beugten und hinabhorchten ...

Pause.

Radbruch *entgeistert*: Das glauben Sie doch selbst nicht.

Alf: Und dann vergewisserten Sie sich.

Radbruch: Vergewisserten?

Alf: Sie konnten keinen von uns entdecken ... Wie

schnell Sie den Brunnen verließen ... Er lag dort unten, eingeklemmt von der steinernen Opferbank, und Sie verließen den Brunnen.

RADBRUCH: Ich war nicht dabei, als die Opferbank brach ... Fragen Sie doch den Professor.

ALF: Sie waren nicht dabei ... Sie waren aber in der Nähe ... Und Sie haben es beobachtet.

RADBRUCH: Wer sagt Ihnen das?

ALF: Ich! *Pause.* Denn ich hab Sie gesehn, Herr Doktor.

RADBRUCH: Dann wundert mich nur eins ...

ALF: ... daß ich es erst jetzt sage?

RADBRUCH: Nein ... daß Sie bei der Suchaktion wortlos mitmachten – ich weiß nicht mehr, wie lange wir suchten –

ALF: Unter Ihrer Leitung ... auf der Ostseite des Ruinenfeldes –

RADBRUCH: – jedenfalls machten Sie mit ... Obwohl Sie doch wußten, wo der Professor war – wo wir ihn hätten finden können. Sie ließen uns herumtappen und suchen –

ALF: Neugierde ... Ich wollte herausbekommen, wie weit Sie entschlossen waren ...

RADBRUCH: Entschlossen wozu?

ALF: Den alten Mann aufzugeben, zurückzulassen, zu – ja, ihn zu opfern ... Sie ließen uns auf der Ostseite suchen ... Der Opferbrunnen aber war im Westen.

RADBRUCH *ohne seine Überlegenheit einzubüßen*: Vermutlich werden Sie mir dann auch sagen können, welche Gründe ich dafür hatte ... Man läßt einen Mann doch nicht grundlos im Stich.

ALF: Abgesehen davon, daß Sie familiär verbunden sind

... dieser Mann ist auch Ihr Chef ... Er ist Direktor, hm? Und Sie sind sein Vertreter.

RADBRUCH: Sie machen sich lächerlich.

Pause.

ALF: Wissen Sie, worunter der alte Mann am meisten litt? ... Was es ihm so schwer machte, in seinem Institut zu arbeiten? ... Es wurden Berichte über ihn geschrieben ... Über seine Fehlleistungen ... Irgend jemand im Institut, der eingeweiht war ... der alles sehr genau übersah, schrieb Berichte an die Behörde ... Anonym natürlich ... Hat der Professor nie mit Ihnen darüber gesprochen? *Pause.* Das ist merkwürdig ... Sie – Sie sind doch der erste, den er hätte einweihen müssen ... Jedenfalls – stellen Sie sich vor – es gelang ihm, den Absender der Berichte herauszubekommen ...

RADBRUCH: Warum erzählen Sie mir das?

ALF: Nur die letzte Sicherheit fehlte noch ... Eine letzte Bestätigung ...

RADBRUCH: Den Rest können Sie sich sparen.

ALF: Ist er vielleicht auch Ihnen bekannt ... der Absender dieser Berichte?

RADBRUCH: Sie werden doch nicht erwarten, daß ich mich ... auf diesem Niveau ... mit Ihnen unterhalte ... Noch dazu in solch einem Augenblick.

ALF *lächelnd*: Offenbarungen erfährt man nie im passenden Augenblick... Ich meine besondere Wahrheiten... Ich bekomme die meistens in der Bahn serviert... Und wenn die Beichte ihren höchsten Punkt erreicht hat, dann... ja, dann müssen die Betreffenden aussteigen.

Pause.

RADBRUCH *warnend*: Ist Ihnen eigentlich klar, welche – Beschuldigung Sie da erhoben haben?

ALF *rasch*: Da Sie so freundlich waren, mir zu sagen, wofür Sie mich halten – wollte ich Ihnen freistellen, ein Wort für Ihr Verhalten zu finden.

RADBRUCH: ... Sie werden das beweisen müssen ... Auch vor den andern werden Sie das beweisen müssen.

ALF *mit einladender Geste*: Ich überlasse es Ihnen, den Zeitpunkt zu bestimmen.

Radbruch geht ins Haus.

Alf blickt ihm nach, mustert den Platz vor dem Haus, wendet sich, unentschieden, zum Grammophon, versucht noch einmal, es in Gang zu setzen. Überraschenderweise gelingt es. Er legt eine Platte auf. Etwas verkratzt: der Schlager ‹Salomé›. Alf lächelt, kehrt zum Tisch zurück, schenkt sich ein Glas ein.

Carla erscheint in der Tür, blickt Alf bestürzt an.

Du hörst richtig ... unser Lied ... unser Lieblingslied von damals ...

MIRCEA *richtet sich in der Hängematte auf*: Das Grammophon?

ALF: Das Grammophon, ja ... Wissen Sie, woher das stammt? – Und die Platten?

MIRCEA: Nein.

ALF: Wirklich nicht?

MIRCEA: Eine Expedition ... Soviel ich weiß, hat eine Expedition es mitgebracht ... auch die Platten ... es ist lange her.

ALF *hellhörig*: Ach. *Zu Carla:* Hast du das gehört, Carla? *Zu Mircea:* Und was geschah mit der Expedition? Hm? Was ist mit ihr passiert?

MIRCEA: Ich weiß nicht.

ALF: Ist sie weitergezogen? . . . Hat sie sich aufgelöst?

Pause.

MIRCEA: Sie lebt . . . unter uns.

Carla geht zum Grammophon und stellt es ab.

ALF: Das wird dich interessieren, Carla. *Wendet sich überrascht um.* Carla? Warum stellst du die Musik ab? *Alf geht zu ihr, offensichtlich in der Absicht, die Platte zu spielen.*

CARLA: Bitte, Alf . . . Bitte spiel nicht.

ALF: Hast du gehört, was er sagte? . . . Eine Expedition hat das Ding mitgebracht. Und die Mitglieder dieser Expedition leben jetzt hier.

CARLA: Keine Musik jetzt . . . bitte.

Mircea legt sich wieder hin.

ALF *verzichtet unter dem Eindruck des Erfahrenen*: Sie leben hier, Carla . . . Weißt du, was das bedeutet?

CARLA: Was ist geschehen?

ALF: Wo?

CARLA: Zwischen euch . . . es ist etwas geschehen.

ALF *verharmlosend*: Wir – wir hatten eine Aussprache, dein Mann und ich – eine Männer-Unterhaltung . . . Du weißt doch: Männer haben von Zeit zu Zeit – den anmaßenden und widernatürlichen Wunsch, klare Verhältnisse zu schaffen . . . sogenannte klare Verhältnisse . . . *Achselzuckend:* Na ja, und das haben wir eben getan.

CARLA: Sag mir, was geschehen ist.

ALF: Jetzt ein Glas? Der Schulmeister sieht nicht zu.

CARLA *kopfschüttelnd*: Danke, ich möchte nicht.

Pause.

ALF: Traurig ... klare Verhältnisse sind meistens eine traurige Angelegenheit ... Immerhin, sie bestehen jetzt.

CARLA *besorgt*: Vergiß nicht, Alf, daß er – mein Mann ist.

ALF *trinkt*: ... der gut zu dir ist und dich zum Lachen bringt.

CARLA *gequält*: Hör auf, bitte ... Ich habe längst gemerkt, daß sich etwas verändert hat zwischen euch. Seit – seit wir auf diesem Ruinenfeld waren ... ich habe dich beobachtet ... glaubst du, ich habe nichts gespürt? Dein Mißtrauen ... deine Geringschätzung, die du so gut tarnen kannst. *Pause, leise:* Vielleicht sogar – Haß.

ALF *munter*: Und das kannst du nicht verstehen ...

CARLA: Es ist mir nicht gleichgültig ... Ich weiß nicht, was passiert ist, aber –

ALF: – du möchtest mich warnen: wolltest du das sagen?

CARLA: Nein ... nein, ich wollte dich nicht warnen. Warum? Ich wollte dir sagen, daß ich zu ihm stehe, wenn es – zwischen euch – also wenn etwas geschieht zwischen euch.

ALF: Das hab ich auch von dir erwartet ... Schließlich ist er dein Mann ... Und ich? *Pause.* Was bin ich eigentlich, Carla? – Vielleicht – der Junge aus dem Nachbarhaus?

CARLA: Fang nicht wieder an, bitte.

ALF: Ich fang nicht wieder an ... Ich will nur unsere Beziehungen herausfinden ... *Denkt über das Gesagte nach.* Das ist aber auch schon wieder zuviel.

CARLA: Ich möchte dich bitten, Alf: laß es nicht darauf ankommen ... nicht jetzt ... *Plötzlich:* Still!

ALF: Was ist?

CARLA: Da bewegt sich etwas.

ALF: Wo?

CARLA: Dicht am Boden.

ALF: Dicht am Boden? Was bewegt sich dicht am Boden? Eine Robbe?

CARLA: Dort drüben ...

Beide lauschen.

Hörst du nichts?

Gaspar und der Mann mit der Augenbinde erscheinen. Beide führen Hoffmann, dessen Kleidung schmutzig ist und zerrissen, dessen Gesicht Spuren eines Kampfes aufweist. Gaspar trägt den leeren Kessel. Hoffmann hält die gespreizten Finger einer Hand auf seine Augen gepreßt. Er taumelt, will stehenbleiben, wird vorwärtsgestoßen zur Veranda – Carla stürzt zur Tür, in das Haus hineinrufend: Papa! Schnell ... kommt schnell.

ALF *geht ihnen entgegen, hilft Hoffmann*: Kommen Sie, Hoffmann, legen Sie einen Arm um meine Schulter.

Alf hilft ihm die Treppe hinauf, beide Männer bleiben vor dem Tisch stehen.

HOFFMANN *unter starken Schmerzen*: Ich kann nichts mehr sehen ... Ich – kann nichts mehr sehen.

ALF: Nur ruhig ... Erst einmal setzen Sie sich hin. *Er bringt Hoffmann zu einem Sessel, drückt ihn sanft nieder.*

Hoffmann knickt nach vorn ein, preßt beide Handflächen vor die Augen.

Carla kniet schräg vor ihm neben dem Sessel.

CARLA: Was haben sie gemacht . . . Sagen Sie: was haben sie mit Ihnen gemacht?

Radbruch und Mosse kommen nacheinander aus dem Haus.

Alf tritt zurück.

RADBRUCH: Was ist hier vorgefallen? *Blickt schnell auf die beiden Männer, dann auf Hoffmann.* Hoffmann! Um Gottes willen . . .

CARLA: Seine Augen . . . er kann nicht mehr sehen.

RADBRUCH: Ist das wahr? *Er richtet Hoffmann auf, löst seine Hände, blickt kurz in sein Gesicht.*

Hoffmann knickt wieder nach vorn ein.

MOSSE *tritt zu Hoffmann*: Einen Augenblick . . . *Wiederholt mit Hoffmann, was bereits Radbruch getan hat; verschafft sich Gewißheit, tritt einen Schritt zur Seite. Pause.* Was ist geschehen?

HOFFMANN *unter Schmerzen*: Am Fluß . . . am Fluß unten . . .

MOSSE: Wurden Sie überfallen?

HOFFMANN: . . . als ich Wasser schöpfte.

MOSSE *zu Carla*: Unser Verbandszeug . . .

Carla geht ins Haus.

HOFFMANN: Auf einmal waren sie da . . . diese Hunde . . . als ich auf der Erde lag . . . *Rufend:* Wo sind sie?

MOSSE: Ruhig, Hoffmann.

HOFFMANN: Ich mach sie fertig . . . nacheinander.

MOSSE: Waren es viele?

HOFFMANN: Sie knieten auf mir . . . sie lagen auf mir . . . *Plötzlich angstvoll:* Bin ich blind? Sagen Sie mir: bin ich blind?!

MOSSE: Sie sind verletzt worden.

HOFFMANN: Sie haben etwas mit meinen Augen gemacht ... Ich war bewußtlos ... Bin ich blind?! Sagen Sie mir: bin ich blind?!

MOSSE: Meine Tochter holt das Verbandszeug.

HOFFMANN *springt auf, ruft*: Wo sind sie? ... Kommt her ... kommt einzeln her.

MOSSE *drückt ihn in den Sessel*: Beruhigen Sie sich doch.

Bäumt sich leicht auf – preßt eine Hand an seine Hüfte.

HOFFMANN: Das brennt ... ich halt es nicht mehr aus.

RADBRUCH *ungeduldig*: Wo bleibt Carla denn?

Will ins Haus gehen, Carla erscheint.

CARLA: Wo ist das Verbandszeug? Ich kann nichts finden.

RADBRUCH: Dann werde ich mal suchen.

ALF: Die Mühe können Sie sich sparen ... Es ist fort – wie alles andere auch ... *Pause.* Man hat es uns ebenfalls abgenommen.

HOFFMANN *außer sich*: Ich kann nichts sehen ... Ich erkenn nichts mehr ...

RADBRUCH: Jetzt muß etwas geschehen.

MOSSE: Hinlegen, Hoffmann ... vielleicht sollten Sie sich erst einmal hinlegen.

Der Bürgermeister erscheint, geht die Verandatreppe hinauf.

BÜRGERMEISTER: Professor Mosse?

MOSSE *mühsam*: Sie werden das zu verantworten haben ... Ich protestiere.

BÜRGERMEISTER: Ich bedaure ... Ich bedaure, was geschehen ist ... Sie haben die Abmachung verletzt.

MOSSE: Dieser Mann wollte Wasser holen ...

BÜRGERMEISTER: Sie wußten, daß niemand den Bereich dieses Hauses verlassen darf.

RADBRUCH *tritt vor*: Ich fordere die sofortige Rückgabe unseres Eigentums ...

BÜRGERMEISTER: Sie haben etwas übersehen.

RADBRUCH *achselzuckend*: ... ich fordere unsere sofortige Freilassung ... *Auf Hoffmann deutend:* Ich fordere die Bestrafung der Schuldigen.

BÜRGERMEISTER: Sie haben übersehen, daß ein Spruch gefällt worden ist ... Diesen Spruch müssen wir anerkennen ... Sie und wir.

RADBRUCH: Wir weigern uns ... Sie haben kein Recht, uns hier festzuhalten ... Wir weigern uns, Ihre Gesetze anzuerkennen.

BÜRGERMEISTER *ruhig*: Das steht Ihnen ausdrücklich frei ... Wir haben diese Möglichkeit erwähnt.

RADBRUCH *erregt*: Mit welchem Recht ... ich frage Sie ... mit welchem Recht versuchen Sie, Ihre Gesetze auch auf uns anzuwenden?

BÜRGERMEISTER: Mit dem Recht des Herausgeforderten ... Sie haben uns herausgefordert, als Sie uns beobachteten, erforschten ... als Sie sich Einblick in unser Leben verschafften. – Und jetzt: wir haben nur den Wunsch, Ihre Lage zu erleichtern.

RADBRUCH *außer sich*: – Und dazu sollen wir auf Ihre Zumutungen eingehen? Sie glauben doch nicht im Ernst, daß dies Erleichterungen sind ...

BÜRGERMEISTER: Es sind Erleichterungen ...

RADBRUCH: ... für Sie, ja ... Wenn es Ihnen gelingt, andere wehrlos zu machen, dann können Sie sich beruhigt zurücklehnen.

BÜRGERMEISTER: Wir sprechen von Ihnen ... Und ich fürchte, daß Sie sich allmählich etwas eingestehen müssen.

RADBRUCH: Unsere Unterlegenheit?

BÜRGERMEISTER: Ihre Möglichkeiten ... Ihre noch verbliebenen Möglichkeiten ... Seien wir offen: nichts irritiert uns so sehr, als wenn wir beliebig handeln können ... Nichts läßt uns so schaudern, wie eine plötzliche Überfülle des Möglichen ... Und nichts stürzt uns in größere Ratlosigkeit, als wenn wir beliebig Entscheidungen treffen können ...

RADBRUCH *bitter*: Und vermutlich ist nichts gefährlicher – oder undankbarer –, als von seinen persönlichen Freiheiten Gebrauch zu machen ... Wollten Sie das nicht auch sagen?

BÜRGERMEISTER *unberührt*: Was uns angemessen ist: eine beschränkte Souveränität ... Darin muß sich jeder einrichten ...

RADBRUCH: Jeder?

BÜRGERMEISTER: ... und wer dazu bereit ist, wird automatisch die Erleichterungen verspüren ... Auch Sie ... Eines Tages werden Sie merken, welche Erleichterung es ist: nicht willkürlich handeln zu können.

RADBRUCH: Sie irren sich. *Zeigt auf die Augenbinden, merkt, daß diese Geste umsonst war.* Wir werden uns zur Wehr setzen ... alle ... bei uns kommen Sie nicht durch mit diesem Ansinnen.

BÜRGERMEISTER: Jede Veränderung erscheint uns als Zumutung ... auch eine Veränderung zum Glück.

HOFFMANN, *der reglos zugehört hat, springt auf*: Ist er das? ... Haltet ihn fest ... überlaßt ihn mir!

MOSSE *hält Hoffmann zurück*: Ruhig, Hoffmann ... setzen Sie sich hin.

BÜRGERMEISTER: Wir haben den Tod eines Mannes zu beklagen ... bei der Auseinandersetzung – *Stockt.* Er ertrank in den Stromschnellen ... Auch wir können die Bestrafung des Schuldigen fordern ...

RADBRUCH: Es dürfte Ihnen doch bekannt sein, daß es in Notwehr geschah.

HOFFMANN: Haltet ihn fest ... Ich werd mich mal mit ihm unterhalten.

BÜRGERMEISTER: Professor Mosse?

MOSSE *aufschreckend*: Ja. Ja, ich bin noch da.

BÜRGERMEISTER: Sie tragen die Verantwortung ... Sorgen Sie dafür, daß unsere Abmachungen nicht verletzt werden ... Sie haben die Folgen erlebt. *Will gehen.*

MOSSE: Einen Augenblick.

BÜRGERMEISTER: Ja.

MOSSE *legt Hoffmann eine Hand auf die Schulter*: Unser Mann hier –: wir brauchen Verbandszeug, unser Verbandszeug. *Pause.*

BÜRGERMEISTER *langsam*: Er darf sich frei bewegen ... Er kann in den Ort kommen. Er wird dort behandelt werden ...

MOSSE: Er kann nicht allein gehen.

BÜRGERMEISTER: Einer unserer Leute wird ihn führen ... Er kann zu uns kommen.

MOSSE: Haben Sie gehört, Hoffmann?

HOFFMANN: Die sollen mich nicht anfassen ... keiner, keiner wird mich berühren ...

MOSSE *erkennt, daß jede Bitte erfolglos bleiben wird*: Das war alles.

BÜRGERMEISTER: Ich möchte Sie noch einmal daran erinnern, daß alles bei Ihnen liegt.

Bürgermeister ab. Bevor er bei den wartenden beiden Männern ist, springt Alf die Verandatreppe hinab. Er nimmt Gaspar den Kessel aus der Hand.

ALF: Der gehört zum Haus, wenn ich nicht irre . . .

MOSSE: Kommen Sie, Hoffmann.

RADBRUCH *außer sich*: Was tun wir . . . wir müssen doch etwas tun!

MOSSE: Sie werden sich hinlegen. *Er zieht Hoffmann hoch.*

RADBRUCH: Ich helf dir, Papa. *Er stützt Hoffmann.*

MOSSE: Es geht schon . . . Nimm, nimm solch ein Ding mit. *Mosse deutet auf die Binden.*

RADBRUCH *bestürzt*: Eine Augenbinde?

MOSSE: Als provisorischen Verband.

Radbruch und Mosse führen Hoffmann ins Haus.

Alf schenkt sich ein Glas ein, hält es stumm einladend Carla hin, die den Kopf schüttelt, was Alf erwartet zu haben scheint.

CARLA: Und weiter?

ALF: Wieso weiter?

CARLA: Was jetzt noch?

ALF *achselzuckend*: Weiter geht's nicht . . . wir haben das traurigste aller Stadien erreicht – das Stadium der Unvermeidlichkeit . . . Warten . . . Wir können nur noch warten, bis das Unvermeidliche passiert . . . *Trinkt* . . . Da achtet man immer darauf, Spielraum zu haben . . . Da bemüht man sich, alles so einzurichten, daß es drei Möglichkeiten gibt . . . Da springt man, aller Bequemlichkeit zum Trotz, vom erfolgversprechenden Schienenstrang ... Und auf einmal ... Was stellt sich heraus? ... Du bist in deinem Tunnel: du kannst nicht umdrehen ... in deinem abschüssigen Tunnel, der dich dahin führt, wohin du nicht willst. *Sieht sie traurig lächelnd an.* Ja, Carla ...

CARLA: Aber Hoffmann ... hast du seine Augen gesehen?

ALF: Hast du gehört, was der Bürgermeister sagte? Er darf sich frei bewegen, er kann zu uns kommen ...

CARLA: Wir können ihn doch nicht ohne Hilfe lassen ... Wir können doch nicht einfach nur warten ...

ALF *zynisch*: Das ist richtig ... wir können uns die Wartezeit verkürzen ... durch Pfänderspiele ... durch Musik ...

CARLA *gequält*: Bitte, Alf ...

ALF *mit ironischem Pathos*: Der Mensch ist, was er tut – vorausgesetzt, daß ihm etwas zu tun bleibt ... *Ernst:* Ich sag dir, Carla, hier wird nur das Übliche geschehen ...

CARLA: Das Übliche? Was ist das?! ... Das Übliche?

ALF: Wir müssen auch sie verstehen.

CARLA: Wen?

ALF: Sie – denen wir diesen Zwangsaufenthalt hier verdanken ... Sie können es sich nicht leisten, uns einfach gehen zu lassen ... Wir, ja – in gewisser Weise stellen wir eine Bedrohung für sie dar ... Du erlaubst – *Trinkt sein Glas leer.*

CARLA *ungläubig*: Das glaubst du doch selbst nicht ... Bedrohung ... wir?

ALF: Es gibt einen Unterschied zwischen ihnen und uns ... Vergiß das nicht ... Solange – wie sagte der Bürgermeister – solange die Unterschiede bestehn, bleiben wir hier ... Das hat er gesagt. Und er sagte auch: Hoffmann, der darf sich nun frei bewegen ...

CARLA: Nein, Alf ... Das können sie nicht von uns erwarten ... das nicht.

ALF: Sie tun sogar noch mehr. Sie glauben, ein Recht dazu zu haben ... *Denkt über das Gesagte nach.* Und davor schaudert mich am meisten: vor dem guten Gewissen, mit dem sie unsere Unterwerfung erwarten.

CARLA: Wir können fliehen.

ALF: Dann geht es uns wie Hoffmann.

CARLA: Aber weigern, wir können uns doch weigern.

ALF: Daran haben sie auch gedacht ... Hat man uns nicht vorsorglich um Entschuldigung gebeten ... für die Mängel, die hier und da auftreten könnten?

CARLA: Und was wird geschehen?

ALF: Was mit der anderen Expedition auch geschehen ist ... Das Übliche ... Man wird – die Unterschiede beseitigen ... Man wird uns – heimholen ... *Mit bitterer Ironie:* Wir werden eingehen in ihre Gemeinschaft ... Der Fluß nimmt den kurzen Regen auf.

CARLA *erschrocken*: Wie du darüber sprichst ... Wie – du darüber sprechen kannst ... Als ob alles schon geschehen ist.

ALF: Das Unvermeidliche ist immer schon geschehen.

CARLA *außer sich*: Alf! Das kann doch nicht dein Ernst sein ... Du kannst doch nicht einverstanden sein ... Herrgott noch mal! Denk, was wir verlieren ...

ALF *bedauernd*: Dein Vater hatte noch etwas zu rauchen ... Er hat's mir angeboten. Entschuldige. *Ab.*

MIRCEA *erhebt sich lauschend in der Hängematte*: Sind Sie noch da? Hallo? Warum sagen Sie nichts?

CARLA *nachdenklich*: Ja, ich bin noch da. *Wendet sich ihm langsam zu.*

MIRCEA: Was ist geschehen?

CARLA: Das haben Sie doch gehört.

MIRCEA: Ein Unglück?

CARLA: Sie haben doch alles gehört ... Fragen Sie mich nicht.

Pause.

MIRCEA *zögernd*: Darf ich – einmal – Ihr Gesicht berühren?

CARLA *befremdet*: Wie bitte?

MIRCEA: Ihr Gesicht – ich möchte es einmal berühren.

Pause.

CARLA: Wozu? Sie – Sie haben es doch gesehn ... und außerdem ...

MIRCEA: Ich habe es vergessen.

CARLA: Ich weiß nicht, warum Sie mein Gesicht berühren wollen.

MIRCEA: Ich möchte es in Erinnerung behalten ... Bitte ... Nur einen Augenblick.

CARLA *in verlegener Abwehr*: Wozu? Ich meine, wozu wollen Sie mich in Erinnerung behalten?

MIRCEA: Bitte – ich bitte Sie sehr darum.

CARLA *sieht auf ihn, auf seine ausgestreckten Hände, blickt zur Tür, wendet sich Mircea zu, achselzuckend*: Also wenn Ihnen soviel daran liegt ... *Sie schließt die Augen, er betastet ebenso flüchtig wie vorsichtig ihr Gesicht, sie tritt zurück.* Das dürfte reichen, oder?

MIRCEA: Jetzt weiß ich es.

Carla: Was?

Mircea: Sie ähneln meiner Schwester ... Jetzt habe ich's erkannt ... Meiner Schwester Doina ...

Carla *will ihn ablenken*: Warum hat man Sie zu uns gebracht?

Mircea *überhört die Frage*: ... auch sie hat es erleben müssen ... auch meine Schwester ... Bei einem Gewitter ist es passiert, wir wurden im Wald überrascht ...

Carla: Was hat sie erleben müssen?

Mircea: Es ist drei Jahre her ... Sie wurde sehend, auf beiden Augen ... plötzlich ... wir hielten es geheim ... nur zwei meiner Freunde und ich haben es gewußt ... Wir überredeten sie, nichts zu melden.

Carla *mit langsamem Entsetzen*: Und dann? Was ist ihr passiert?

Mircea: Sie hielt es nicht aus ... Sie mußte uns erzählen ... Wir gingen hinaus, und wenn wir uns allein glaubten, mußte sie uns erzählen ... alles, alles, was zu sehen war ... Sie hielt es nicht aus ... Sie zitterte, wir mußten sie festhalten zuletzt ... *Pause.* Staub ... sie sah nur Staub und Trümmer und Schatten ... Verstehn Sie das? ... Schatten, die schnell näher kamen ... Wir zwangen sie, die Augen zu öffnen und zu erzählen ... Und dann hielt sie es nicht mehr aus.

Carla *entsetzt*: Das ist unmenschlich.

Mircea *leicht erstaunt*: Warum? Sie ertrug es nicht mehr ... Sie wollte so sein wie früher ... Und sie meldete, was geschehen war ... *Pause.* Es war – menschlich ... Ich jedenfalls kann sie verstehen ... Ist nicht alles menschlich, was wir begehren?

CARLA *heftig*: Hören Sie auf! *Leiser:* Bitte, hören Sie auf . . .

MIRCEA: Befürchten Sie etwas?

Keine Antwort.

Woran denken Sie?

Keine Antwort.

Gehn Sie nicht fort!

CARLA *blickt zur Tür*: Wir hätten uns wehren müssen . . . Wir hätten uns wehren müssen . . .

Vorhang

ZWEITER AKT

Dekoration wie im ersten Akt. Mircea gleitet aus der Hängematte, geht zum Grammophon, ertastet es, spielt ‹Salomé›. Er tritt zurück, lauscht. Alf erscheint; er ist überrascht, Mircea zu finden.

ALF *irritiert*: Sie? Haben Sie das Ding angestellt?

MIRCEA: Wie heißt das Lied?

ALF: Sie erlauben doch ... *Stellt das Grammophon ab.* Da drinnen fehlt jetzt die Stimmung.

MIRCEA: Sie sagten, es ist Ihr Lieblingslied.

ALF *abgelenkt*: Mein Lieblingslied, ja ... *Zeigt auf die Flasche.* Haben Sie die leergemacht?

MIRCEA: Was meinen Sie?

ALF *begreift*: Entschuldigung ... Die Flasche ... Ich wollte wissen, ob Sie die Flasche leergemacht haben ... Da man uns wieder nichts zu essen geschickt hat, wollte ich meinen Magen mit einem Schluck besänftigen ... Aber ein anderer hat wohl auch diese Idee gehabt – *Hebt die Flasche hoch, gießt sich die letzten Tropfen ein, trinkt.* Haben Sie keinen Hunger?

MIRCEA: Nein.

ALF: Auch keinen Durst?

MIRCEA: Nein.

ALF: Das nenn ich reine Unabhängigkeit ... Und rauchen?

MIRCEA: Ich rauche nicht ... *Pause.* Wie – wie kommt man zu einem Lieblingslied?

ALF *hebt Zigarettenstummel auf, dreht sich mit einem*

Blatt aus einem Notizbuch eine Zigarette: Zu einem Lieblingslied?

MIRCEA: Ja.

ALF: Also ich habe zwei Lieblingslieder ... Das erste heißt ‹Valencia›. *Singt leise den verballhornten Text:* Valencia deine Augen, meine Augen, Hühneraugen, Kukirol ... Sobald ich dies Lied höre, werde ich fünf Jahre alt ... genau fünf ... Mein Vater feiert mit Freunden und Nachbarn seinen Geburtstag ... Und ich – was glauben Sie, was ich tue? Ich sitze mit meiner liebsten Spielfreundin im Schlafzimmer meiner Eltern – Und zu den Klängen von ‹Valencia› spielen wir Operation.

MIRCEA: Operation?

ALF: Wir operieren mit Messer und Schere die geblümten Sessel – falls Ihnen das Spiel etwas sagt ... Und mein zweites Lieblingslied ... Eben: ‹Salomé› ...

MIRCEA: Und was bedeutet es Ihnen?

ALF: Tja, was bedeutet es mir? ... Heimkehr, vor allem – das Fest einer Heimkehr ... Ich hatte vier Semester an der Sorbonne studiert ... Biologie ... So lange brauchte ich, um herauszufinden, daß auch kein Biologe in mir steckte. Vorher hatte ich's mit Jura versucht und mit Psychologie ... Also ich kam nach Hause mit dem Plan, auf Archäologie umzusatteln ... Ich hatte auch gerade meine Leidenschaft für Ruinen entdeckt ... Dieser Wechsel mußte natürlich gefeiert werden ... der Fakultätswechsel ... Na ja ... Und da sah ich sie wieder, meine liebste Spielfreundin ... Sie war natürlich nicht mehr fünf ... sie war hübsch mitgewachsen ... Wir tanzten zusammen ... Aber erst bei diesem Lied . . . bei ‹Salomé› passierte es, *Blickt in die leere Flasche.*

MIRCEA: Passierte was?

ALF *überlegt*: Wir erkannten uns, will ich mal sagen . . . *Er ist mit dieser Formulierung einverstanden.* Ja, wir erkannten uns . . . Und ich wußte auf einmal – ich hatte das Gefühl, du bist seit langem verabredet . . . Du hast deinen Schienenstrang gefunden . . . Dein Geleise, auf dem alles zielgerecht und erschütterungsfrei dahingleiten könnte . . . bis zur Endstation – *Bilanziert mit Selbstironie:* Leider, ich kann machen, was ich will: bei mir springt immer ein Wagen aus den Schienen . . . Ein Jahr später war sie verheiratet.

MIRCEA: Und daran müssen Sie bei dem Lied denken?

ALF Ja . . . das heißt: nicht an meine sogenannten Verkehrsunfälle . . . sondern an diesen Augenblick, als wir uns erkannten – sie und ich . . . es war ein Augenblick – wie soll ich sagen . . .?

MIRCEA: Der Freude?

ALF *gleichgültig*: Der Freude, ja . . . *Sieht plötzlich Mircea aus zusammengekniffenen Augen an.* Und Ihr Lieblingslied? Woran müssen Sie bei Ihrem Lieblingslied denken?

MIRCEA: Ich? Ich habe kein Lieblingslied.

ALF: An eine Lockente vielleicht?

MIRCEA *ratlos*: Lockente?

ALF: Bei der Jagd – bei der Entenjagd verwendet man einen Lockvogel . . . aus Holz . . . Er nimmt den Tieren die Angst, wissen Sie . . . Die Lockente verführt ihre lebendigen Artgenossen, niederzugehn . . . sich um sie zu scharen . . . mit der gleichen Strömung zu treiben

. . . vor die Mündungen. *Er blickt Mircea mit Bedauern und Geringschätzung an.* Jetzt werden Sie sagen: Das versteh ich nicht.

MIRCEA: Ich verstehe Sie wirklich nicht.

ALF: Da haben wir's . . . *Geheucheltes Mitleid:* Armer Junge . . . Begreift nichts . . . Versteht nicht, was man ihm zugedacht hat . . . Tut nur alles, was man von ihm erwartet . . . Wissen Sie wirklich nicht, was Sie abgeben?

MIRCEA: Niemand von uns kann die Binde zurückweisen.

ALF: Sie liegen da in Ihrem Körbchen als mahnendes Beispiel . . . als tröstliches, ermunterndes Beispiel . . . Seht mich an: «mit der Zeit wird's leichter» –: sagten Sie das nicht selbst? . . . Sie brauchen uns nicht zu sehen . . . Wir aber, wir müssen Sie sehen . . . *Hart:* Warum haben Sie das gemacht? Warum haben Sie sich die Binde umlegen lassen? Hm?

MIRCEA: Bei uns – alle erwarten es bei uns.

ALF: Und Sie? Hat der zweite Blick auf die Welt Sie nicht neugierig gemacht? Oder hielten Sie den Anblick nicht aus?

MIRCEA *ruhig*: Ich kann erst wieder zurück, wenn ich so bin wie sie.

ALF *tritt hinter ihn, sieht die Verknotung der Binde an*: Das möchte ich doch einmal sehn . . .

MIRCEA: Was tun Sie?

ALF: Ich möchte einmal das Auge sehn . . . Das Auge, das sich geöffnet hat und schon . . .

MIRCEA: Nicht . . . Machen Sie es nicht.

ALF: . . . und schon nach einem Augenblick auf die Welt verzichten konnte.

MIRCEA: Sie dürfen die Binde nicht lösen... Es ist strafbar.

Carla erscheint, geht zum Tisch, nimmt den Wasserkessel.

ALF: Keine Angst, Kleiner . . . Gehn Sie nur in Ihr Körbchen. *Zu Carla:* Das ist doch nicht dein Ernst?

CARLA: Was?

ALF: Hast du vergessen, was Hoffmann passiert ist?

CARLA: Mit mir werden sie es nicht machen.

ALF: Darf man fragen, worauf sich deine Sicherheit stützt?

CARLA: Papa muß etwas trinken . . . ich werde Wasser holen . . .

MIRCEA: Bitte . . . Bitte, gehn Sie nicht.

ALF: Geh nicht, Carla.

CARLA: Ich bin eine Frau.

ALF: Das ist nicht zu bezweifeln . . . Aber in diesem Fall kannst du keine mildernden Umstände erwarten . . . Sei vernünftig.

MIRCEA: Sie dürfen dies Haus nicht verlassen.

ALF *wie zu einem Kind*: Gib Alf den Kessel . . . Sei vernünftig.

CARLA: Papa kann nicht so liegen bleiben . . . mit diesen Schmerzen.

Pause.

ALF *blickt plötzlich Mircea an, zeigt auf ihn*: Er, warum kann er nicht Wasser holen . . . Unser Lockvogel! *Direkt zu Mircea:* Sie werden Wasser holen, das ist die Idee . . . Sie haben nichts zu befürchten . . .

MIRCEA: Ich?

ALF: . . . und wenn Ihnen das gleiche passiert wie Hoffmann: Ihnen kann das doch nur erwünscht sein . . .

Das verkürzt doch nur die Wartezeit ... Oder? ... Eine Gelegenheit, das vorwitzige Auge – fast hätte ich gesagt: abstrafen zu lassen ... Nun?

MIRCEA: Niemand hat die Erlaubnis, dies Haus zu verlassen ... Es sei denn –

ALF: Mitunter muß man mehr tun, als erlaubt ist ... *Drückt Mircea den Kessel in die Hand.* Sie finden doch zum Fluß? ... Ein Kessel Wasser, und wir könnten Tee kochen ... Wir, sind wir nicht aufeinander angewiesen?

MIRCEA *läßt den Kessel fallen, ausdruckslos*: Wir sind nicht aufeinander angewiesen ... Sie wissen nicht, was Sie tun sollen ... Ich habe mich entschieden ... *Er geht zur Hängematte, legt sich hinein.*

ALF *hebt den Kessel auf*: Also er will nicht mitspielen ... Er hat sich entschieden ... Hast du gehört, Carla? *Ironisch:* Entscheide dich, und alles wird erträglicher ...

CARLA *besorgt*: Es kann nicht so weitergehn ...

ALF *nachdenklich*: Wir gehn ihn nichts an ... Er da und wir: wir sitzen nicht im gleichen Boot ... Er hat recht, Carla: wir sind nicht aufeinander angewiesen.

CARLA: Gib mir den Kessel.

ALF: Nein.

CARLA: Gib mir den Kessel ... Oder –

ALF: Oder?

CARLA *am Ende ihrer Hoffnungen, läßt sich in einen Korbstuhl fallen*: Tu etwas, Alf ... Bitte, sag was wir tun sollen ... Ich bin zu allem bereit.

ALF *nähert sich dem Korbstuhl. Leiser. Zweideutig, als ob er etwas erproben möchte*: Komm mit.

CARLA *überrascht*: Was?

ALF: Komm mit . . . Wir verschwinden hier . . . zu zweit kann man es versuchen.

CARLA: Und die andern?

ALF: Zu zweit haben wir eine Chance.

CARLA: Willst du sie im Stich lassen?

ALF: Wir holen Hilfe . . . Wir versuchen, Hilfe zu finden.

CARLA: Wir können sie nicht allein lassen . . .

ALF: Wir müssen sie allein lassen . . . Wenn wir hier etwas ändern wollen, müssen wir sie allein lassen . . . Vorübergehend . . .

CARLA: Wie lange ist das: vorübergehend?

ALF: Schlimmstenfalls . . . sie werden deinen Vater in den Ort holen . . . Ihn und Hoffmann . . . Und dein Mann –

CARLA: Sprich nicht weiter.

ALF: . . . dein Mann, der alles durch Beschlüsse rettet, wird etwas für sich selbst beschließen . . . etwas Zufriedenstellendes . . .

CARLA: Hör doch auf.

ALF: Also? Versuchen wir's?

CARLA: Das kann doch nicht dein Ernst sein. *Steht auf, mustert ihn betroffen.*

ALF: Du traust es mir nicht zu, hm? Schade . . . und ich möchte es dir beweisen, einmal . . . Einmal möchte ich dir zeigen, daß dein Zweifel unrecht hatte . . . die ganze Zeit: Unrecht . . .

CARLA: Wir hatten unsere Chance . . . Weißt du's nicht mehr?

ALF: Was meinst du?

CARLA: Mein Zweifel hat recht behalten, Alf . . . Wir wollten schon einmal fliehen.

ALF: Wir?

CARLA: Damals hatte i c h dich darum gebeten.

ALF: Als sie deinen Vater verhaften wollten?

CARLA: Als sie meinen harmlosen Vater verhaften wollten ... Ja ... Du erinnerst dich sogar daran.

ALF: Ich hab es nicht ernst genommen ... Ich wußte, daß es nur ein Mißverständnis war.

CARLA: Nein ... du wolltest ein Examen machen ... das erste Examen deines Lebens ... du hattest dich gut vorbereitet ... Und da kam ich und bat dich, mit uns zu fliehen ... uns zu helfen bei der Flucht.

ALF: Aber – ich hab doch wohl bewiesen, wieviel mir das Examen wert war.

CARLA: Später, ja ... später hast du darauf verzichtet ... großzügig, wie du dir gegenüber bist ...

ALF: Du weißt, daß alles gut ausgegangen ist für deinen Vater.

CARLA: Erik: er hat nicht einen Augenblick gezögert.

ALF: Wenn ich mich recht erinnere, hat eure Flucht gar nicht stattgefunden.

CARLA: Sie brauchte nicht stattzufinden ... Gott sei Dank ... aber ich, Alf ... ich war aufgewacht ... Ich hatte etwas gelernt.

ALF: Um so besser ... Dann können wir jetzt eine Stichprobe machen ... Überprüfen, was du gelernt hast ... Von Zeit zu Zeit, denke ich, muß man sein Wissen überprüfen ... Ich sag dir, wir würden durchkommen, Carla. Ich weiß es.

CARLA: Ist das das einzige, was du noch vorschlagen kannst?

ALF: Mit ihm würdest du es doch versuchen, oder? ... Wenn e r dir diesen Vorschlag macht ... heute nacht

... leise ... du würdest ja sagen ... Mit ihm würdest du verschwinden ...

CARLA: Laß ihn aus dem Spiel –

ALF *beharrlich*: Wenn e r es für richtig hielte, die andern allein zu lassen: mit ihm würdest du nicht zögern ... Hab ich recht? ... *Da Carla schweigt:* Siehst du ... und soll ich dir sagen, warum du mit ihm gehen würdest? ... Weil du weißt, daß er die Spielregeln einhält. Die Spielregeln, die zum Ziel führen ... Dein Mann hat begriffen, worauf es ankommt ... Traurig, Carla, es ist traurig: auch ich habe die Spielregeln begriffen, aber ich muß sie umstoßen ... immer umstoßen ... ich habe einen geistigen Webfehler, und der besteht darin, daß ich niemals B sagen kann ... das A gelingt, aber das B folgt nicht ... Traurig.

CARLA *mit ironischer Erbitterung*: Und nun erwartest du mein Mitleid?

ALF *bekümmerte Geste*: Mitunter ist man auch darauf angewiesen ... *Pause.* Also?

CARLA: Nein, Alf ...

ALF: Und mit ihm? ... Mit ihm würdest du doch gehen? ... Wenn er dich fragte –

CARLA: Er würde mich nicht fragen – Er würde das nie erwarten von mir.

ALF: ... daß du ihn begleitest?

CARLA: ... daß ich meinen Vater im Stich lasse ... Papa und euch ... Er würde mir diese Wahl nicht zumuten ...

ALF: Und das weißt du?

CARLA *sehr sicher:* Ja, das weiß ich ... Natürlich, auch er stellt seine Forderungen, aber das, Alf ... niemals ...

Was du mir vorgeschlagen hast – er würde es mir nie vorschlagen.

ALF *kühl, vergewissernd*: Weil es zu leicht ist? Zu selbstsüchtig? Oder warum?

CARLA: Weil er weiß, was er sich schuldig ist . . . Sich und den andern.

ALF *höhnisch*: Ach, wirklich?

CARLA: Ja.

ALF *mit geheuchelter Bewunderung*: Jetzt weiß ich endlich, warum ich ihn mitunter bewundert habe . . . Eben: weil er weiß, was er sich und andern schuldig ist . . . vermutlich weiß er das zu jeder Tageszeit . . . Und an jedem Ort.

CARLA: Hör auf . . . *Warnend:* Bitte, hör auf.

ALF *echohaft*: . . . was er sich schuldig ist.

CARLA *mühsam beherrscht, empört*: Du verstehst das nicht . . . Du hast ja keine Ahnung . . . Alles, was du kannst: von Gelegenheiten leben . . . Ein jämmerlicher Reisender, der von einer Gelegenheit zur andern unterwegs ist . . . *Zitiert ihn:* Man muß sich widersprechen, man muß sich widerrufen: – wenn ich das schon höre! . . . Ich sehe ja, was dabei herauskommt . . . Welche Vorschläge . . . Laß dir gesagt sein: nie, niemals würdest du so etwas von Erik zu hören bekommen.

ALF *trocken*: Der tut es.

Pause.

CARLA: Was?

ALF: Ich sagte: der tut es . . . Erik tut es einfach . . . *Ironisch:* Er lebt zwar nicht ausdrücklich von Gelegenheiten wie ich . . . Aber, was eine gute Gelegenheit ist, das weiß er.

Carla *starr vor Befremden*: Was willst du damit sagen?

Alf: Ich wollte keinen im Stich lassen. Ich habe dir nur vorgeschlagen, Hilfe zu holen.

Carla *insistierend*: Was tut Erik?

Alf *achselzuckend*: Frag ihn selbst ... Er weiß ja, was er jedem schuldig ist: Dir und Hoffmann, vielleicht sogar mir ... In jedem Fall deinem Vater ...

Carla: Sag, was tut Erik?

Alf *ernst*: Gut, Carla ... vielleicht mußt du es wissen ... *Gegen inneren Widerstand:* Als die Opferbank brach ... damals, in der Ruinenstadt ... als die Opferbank brach und den Professor in den Brunnen riß – Erik ließ uns auf der Ostseite suchen ... der Opferbrunnen war im Westen ... Erik wußte, daß dein Vater eingeklemmt lag auf dem Grund des Brunnens ... Er wollte ihn dort liegen lassen.

Pause.

Carla *entschieden*: Nein, Alf, nein, das ist nicht wahr.

Alf: Er war dabei, als dein Vater abstürzte ... Er beugte sich über den Rand des Brunnens ...

Carla: Das ist nicht wahr!

Alf: ... Und horchte hinab ... Er horchte hinab und vergewisserte sich.

Carla: Das hat er nicht getan ... *Schaudernd:* Ich ahne, warum du das erzählst ... Jetzt begreife ich –

Alf: Ich habe ihn gesehen, Carla.

Carla: Er hatte keinen Grund ... Welchen Grund soll er denn gehabt haben!

Alf: Frag ihn ... Frag deinen Vater.

Carla: Jetzt begreife ich, warum du das erzählst.

Alf *mit gespielter Bekümmerung*: Du hast recht, Carla:

ich bin unentschlossen ... Ich bin vielleicht sogar ein Liebhaber der Unentschiedenheit ... Aber soviel weiß ich: wann es gerechtfertigt ist, jemanden im Stich zu lassen ... Vorübergehend.

CARLA: Mir ist übel – Mir wird ganz übel.

ALF: Setz dich hin.

CARLA: Gib mir den Kessel.

ALF: Setz dich hin.

Carla versucht, ihm den Kessel zu entwinden. Der Kessel fällt zu Boden.

Professor Mosse. Er lehnt sich gegen den Türrahmen. Er erscheint sehr hilfsbedürftig.

CARLA *auf ihn zulaufend*: Papa, warum bleibst du nicht liegen?

MOSSE: Es geht nicht mehr ... Ich halt es nicht aus. – Ich muß mit ihm reden, mit dem Bürgermeister.

CARLA: Ich bring dich zurück.

MOSSE *nickt zum Tisch hinüber*: Ich will dort mit ihm sprechen.

Carla führt Mosse zum Tisch. Alf will ins Haus.

Zu Alf: Wir sollten alle anwesend sein, wenn er kommt.

ALF: Ich bring nur den Kessel in Sicherheit. *Ab.*

CARLA *hilft Mosse in einen Korbstuhl*: Langsam.

MOSSE: Es geht schon ... In der Bewegung ist es am schlimmsten ... Wenn ich erst sitze – *stöhnt leise* – dann sitze ich.

CARLA: Soll ich deine Füße hochlegen?

MOSSE: So geht es ... Danke, mein Kind ... So, und nun geh zu ihm und sag ihm, daß ich seinen Vater sprechen muß ... den Bürgermeister. *Deutet zur Hängematte.* Er soll ihn holen.

CARLA: Er? Er wird ihn nicht holen, Papa ... Er darf das Haus nicht verlassen.

MOSSE: Geh zu ihm.

CARLA *unentschieden vor der Hängematte*: Hören Sie mich?

MIRCEA *richtet sich auf*: Ist etwas geschehn?

CARLA: Mein Vater muß mit dem Bürgermeister sprechen ... Jetzt ... Er bittet Sie, den Bürgermeister zu holen.

MIRCEA: Es tut mir leid.

CARLA: Können Sie nicht?

MIRCEA: Ich darf das Haus nicht verlassen ... Sie wissen, daß ich hier nicht fort darf.

CARLA: Aber wir müssen ihn sprechen ...

MIRCEA: Es gibt eine Möglichkeit ... Sie kennen sie ...

CARLA: Nein, das ist ausgeschlossen ...

MIRCEA: Wenn einer die Binde nimmt, einer von Ihnen ... mit der Binde darf er in den Ort ... mit der Binde wird ihm nichts geschehen.

Pause.

CARLA: Und Sie? Sie tragen die Binde schon.

MIRCEA: Ich gehöre nicht zu euch.

CARLA: Bitte, helfen Sie uns ... Bitte.

Mircea bedauernde Geste. Pause.

MOSSE *hinüberrufend*: Was ist? Gibt es Schwierigkeiten?

CARLA *zu Mosse zurückgehend*: Er kann nicht ... Angeblich darf er das Haus nicht verlassen ... Einer von uns muß es tun ... Einer von uns muß den Bürgermeister holen ... mit einer Binde über den Augen ...

MOSSE *erregt*: Die Bedingung ist unannehmbar ... Niemals, mein Kind, wird einer von uns diese Binde nehmen, freiwillig ... Wir wollen ihn anders erreichen.

CARLA *skeptisch*: Anders?

MOSSE: Wir werden gemeinsam dies Haus verlassen ... gemeinsam werden wir durch den Ort gehen ... zu ihm ... Wir werden ihm klarmachen, daß er alles von uns erwarten kann, nur nicht das ... daß wir auf seine Bedingung eingehen.

CARLA: Dann wird mit uns geschehen, was mit Hoffmann geschehen ist.

MOSSE: Sie werden es nicht wagen.

CARLA: Weil wir mehrere sind? *Mit unheilvoller Ruhe:* Papa ... Vor uns ... lange vor uns – es sind bereits zwei Expeditionen hierhergekommen ... ihre Mitglieder – ich nehme an: die meisten ihrer Mitglieder – leben jetzt hier ... im Ort, verstehst du ... sie unterscheiden sich nicht mehr von den andern.

MOSSE: Dann werden wir dafür sorgen, daß ein Unterschied bestehen bleibt. Ein entscheidender Unterschied. *Er preßt seine Hand auf die Herzgegend, richtet sich starr auf, als ob er einem plötzlichen Schmerz lauschte.*

CARLA: Ruhig, Papa ... Sei ganz ruhig. *Sie stützt ihn. Pause.* War Erik bei dir?

MOSSE: Nein.

CARLA: Vielleicht kümmert er sich um Hoffmann.

MOSSE: Es geht schon wieder besser ... Es ist immer nur ein Augenblick – wo du glaubst, alles schnürte sich zusammen ... Wie in einer ledernen Schlinge kommst du dir vor ... und achtest nur darauf, wie sie zugezogen wird.

CARLA: Wo ist Erik?

MOSSE: Wo? Dort drin, nehme ich an ... *Jäher Verdacht:* Oder ist er fort?

CARLA: Fort?

MOSSE *da er bemerkt, wie sie erschrickt*: Vielleicht zum Fluß, Wasser holen?

CARLA: Willst du es nicht – nicht ihm überlassen, mit dem Bürgermeister zu sprechen?

MOSSE *beschwichtigend*: Sicher, mein Kind.

CARLA *wartet auf ein Zeichen des Mißtrauens*: Er tut doch alles in deinem Sinne?

MOSSE: Natürlich, Carla.

CARLA: Du brauchst ihm kaum etwas zu sagen.

MOSSE: Er kennt meine Einstellung ... Auf ihn kann ich mich verlassen.

CARLA: In jeder Hinsicht.

MOSSE *zu eilfertige Beteuerung*: Gewiß, mein Kind ... In jeder Hinsicht.

Pause.

CARLA: Und wenn ich gehe?

MOSSE: Das ist ausgeschlossen.

CARLA: Warum nicht? ... Ich weiß, worauf es ankommt ... Ich werde mit dem Bürgermeister sprechen ...

Radbruch kommt sehr erregt aus dem Haus, er trägt eine lederne Augenbinde in der Hand, seine Jacke überm Arm; beim Anblick von Mosse und Carla täuscht er Gelassenheit vor.

Alf? Habt ihr –

RADBRUCH: Es ließ sich nicht vermeiden ... Leider kann man sich hier – ja nicht aus dem Weg gehn ...

CARLA: Habt ihr –

RADBRUCH: ... ganz recht: wir haben uns wieder mal bestätigt, daß wir anderer Meinung sind. Ich kann mir nicht helfen ... Ihm scheint ... nach allen Anzeichen

... ihm scheint unsere Lage am meisten zuzusetzen ... Zwangsvorstellungen ... er hat wirklich Zwangsvorstellungen. *Er zieht seine Jacke an. In der Jackentasche Notizbücher. Radbruch ist sichtlich bemüht, den Besitz der Notizbücher zu verbergen.*

MOSSE *auf die Augenbinde deutend*: Nanu?

RADBRUCH: Es muß etwas geschehn, Papa ... Wir können es uns nicht erlauben, nur zu warten ... mit jedem Aufschub verliert man etwas.

MOSSE *undurchsichtig belustigt*: Du willst doch nicht die Binde umlegen?

RADBRUCH: Ich möchte euch einen Vorschlag machen ... Ich werde mit dem Bürgermeister sprechen ... Ich ... Und ich werde ihn zwingen, uns gehen zu lassen.

MOSSE *undurchsichtig, zwischen ironischem Zweifel und Zustimmung, auch im folgenden*: Zwingen?

RADBRUCH: Ich werde ihn zwingen. *Zeigt zur Hängematte.*

MOSSE: Du meinst, wir sollten uns seiner bedienen: als Geschenk, als Geisel? ...

RADBRUCH: Es ist eine Möglichkeit.

MOSSE: Und du glaubst, daß es sie beeindrucken wird ... daß es Leute beeindrucken wird, die imstande sind, solche Forderungen zu stellen ... oder solch einen Spruch zu fällen?

CARLA: Das glaubst du ja selbst nicht, Erik.

RADBRUCH *zu Mosse*: Unsere Lage verlangt eben ... den Gebrauch ... angemessener Mittel ... *Zu Carla:* Wenn du dich ein wenig anstrengst, wirst du auch darauf kommen.

MOSSE: Und du empfindest dies Mittel als angemessen?

RADBRUCH: Soweit – da es soweit gekommen ist, dürfen wir es nicht unversucht lassen ... Denk daran, was man von uns erwartet –

Pause.

MOSSE: Dann sage ich dir hiermit folgendes: Wir werden dies Mittel nicht versuchen. Und außerdem ... Ich möchte dich bitten, hierzubleiben ... bei uns.

CARLA *unsicher*: Papa?

MOSSE: Wir werden hier mit dem Bürgermeister sprechen. Gemeinsam.

RADBRUCH: Entschuldige ... Wie darf ich das auffassen?

MOSSE: Wörtlich.

RADBRUCH *die Augenbinde faltend etc.*: Heißt das ... Du wünschst nicht, daß ich etwas für uns alle übernehme ...

MOSSE: Ich hab dich gebeten, hierzubleiben.

RADBRUCH: Möchtest du mir nicht den Grund nennen?

MOSSE: Genügt dir meine Bitte nicht?

CARLA: Warum, Papa? ... Warum soll Erik nicht mit ihm sprechen?

MOSSE *gereizt*: Bin ich denn so schwer zu verstehn ... ich wünsche es nicht ... Ich will nur, daß ... dein Mann hier bleibt.

RADBRUCH *verwundert, behutsamer Widerstand*: Ist das ein Verbot?

Mosse: Geste, die Radbruch freistellt, es so aufzufassen.

CARLA: Was hast du, Papa? ... Sag doch.

RADBRUCH: Und wenn ich gehe?

MOSSE: Du wirst es nicht tun ... du nicht.

RADBRUCH *herausfordernd*: Und auf welch ein Recht

willst du dich berufen? – Ich meine: wenn du mich hier zurückhalten willst ... mit welchem Recht?

Pause.

MOSSE *langsam*: Mit dem Recht der Erinnerung ... meiner Erinnerung ... Ich wollte – ich hatte mir vorgenommen, mich nicht mehr zu erinnern ... Ich wollte die Erinnerung abschaffen ... Es ist unmöglich ... Sie kommt wieder wie eine Krankheit ...

RADBRUCH *zu Carla*: Ich habe keine Erklärung dafür.

MOSSE: ... wie eine Krankheit, ja ... und man ist auf einmal sein eigener Patient und sein eigener Arzt ...

CARLA *zu Erik*: Bleib hier, Erik ... ich bitte dich, geh jetzt nicht.

RADBRUCH *längst entschieden*: Einer muß was tun.

MOSSE: Wenn du die Binde umlegst ...

RADBRUCH: ... eine Formalität, das weißt du.

MOSSE: Ich sagte, wenn du die Binde umlegst und gehst –

RADBRUCH: Was dann?

MOSSE: Nicht nur Alf – auch ich habe meine Vorstellungen ... Zwangsvorstellungen ...

RADBRUCH *kühl*: Willst du mich dafür verantwortlich machen?

MOSSE *mit Schmerz*: Das Gefühl hört nicht auf ... das Gefühl, daß ich in dem Brunnen liege ... und auf mir die Opferbank ... Hier ... ich spüre sie hier ... Es hört nicht auf ... und ich liege und sehe nach oben ... und vor dem klaren – vor dem Ausschnitt des Himmels ... rund wie eine Münze ... erscheint auf einmal ein Gesicht ... ein Gesicht, ja ... das sich schräg legt ... das angestrengt lauscht ... Es hört nicht auf ... Ich frag mich schon, ob man ein Gefangener seiner

Erlebnisse werden kann: Lebenslänglich zu einem Erlebnis verurteilt, das nicht aufhören will . . .

RADBRUCH: Und was bedeutet das? Du mußt schon klarer werden.

CARLA: Papa! Papa, weißt du, was du sagst. *Kniet vor seinem Stuhl, nimmt seinen Arm.* Das ist doch nicht wahr . . . Mein Gott, das ist nicht wahr.

MOSSE: Ich schildere nur meine Zwangsvorstellung . . . Ich bin noch nicht fertig.

ALF *führt Hoffmann heraus*: Jetzt die Schwelle, Hoffmann. *Pause. Alf führt Hoffmann, der eine Augenbinde trägt, zu den andern.* Er will in den Ort . . . Er sagt, er will sich behandeln lassen.

Stille.

MOSSE: Behandeln?

ALF *achselzuckend*: Er besteht darauf.

HOFFMANN: Eine Spülung vielleicht . . . Ich halt es nicht mehr aus . . . Das brennt wie Kalk.

MOSSE: Hoffmann, wir hätten Ihnen gern geholfen –

HOFFMANN: Ich komme zurück . . . Wenn das Brennen aufhört . . . Ich bin gleich wieder hier.

MOSSE: Sie müssen achtgeben.

HOFFMANN: Das versprech ich . . . Diesmal leg ich mich mit keinem an . . .

RADBRUCH: Kommen Sie . . . ich werde Sie in den Ort bringen . . . Und zurück . . .

Pause.

ALF *sarkastisch*: Sie sollten dies lederne Schmuckstück überm Arm tragen . . . dienstbereit wie ein Handtuch.

RADBRUCH: Sind Sie bereit, Hoffmann?

HOFFMANN: Von mir aus kann's losgehn.

CARLA *geht zu Radbruch, leise*: Was wirst du tun?

RADBRUCH: Was einer von uns tun muß.

CARLA: Willst du nicht warten, Erik ... einen Augenblick?

RADBRUCH: Je länger wir warten, desto mehr verlieren wir ... Kommen Sie, Hoffmann. *Radbruch legt sich die Augenbinde um.*

Stille. Alle beobachten ihn.

ALF *sarkastisch*: Wenn Sie erlauben, Herr Doktor ... Das einzige, was mir von meiner Jugend geblieben ist: die Kenntnis von Seemannsknoten ... beim Segeln hab ich sie erworben.

RADBRUCH: Danke, ohne Ihre Hilfe geht es besser.

ALF: Ein Webleinsteg garantiert für festen Sitz.

RADBRUCH: Heben Sie Ihre Kenntnisse gut auf ... Sie werden sie brauchen ...

Radbruch hat die Binde angelegt, nimmt Hoffmann am Arm, beide wollen zur Verandatreppe.

Mosse flüstert Alf etwas zu.

CARLA *plötzlich, mit einem Schrei*: Nein, Erik ... Laß uns nicht allein ... Bitte, laß uns jetzt nicht allein.

RADBRUCH: Ich habe gesagt, daß ich zurückkomme.

CARLA *wieder leise, eindringlich*: Es könnte sich etwas ändern, bis du zurückkommst.

RADBRUCH: Darauf muß man gefaßt sein ... Für uns ... für uns alle hoffe ich es.

Radbruch mit Hoffmann zur Treppe.

Alf mit schnellen Schritten hinterher, greift in Radbruchs Jackentasche, zieht die Notizbücher heraus.

Was wollen Sie?

ALF: Unsere Anteile ... Nur unsere Anteile ... Die Messungen, die wir vorgenommen haben, sind doch eine Gemeinschaftsarbeit ... unsere schönen Schädelmessungen, die endlich Licht in die Welt bringen ...

RADBRUCH: Gehen wir, Hoffmann.

Sie gehen die Treppe hinab, ohne sich umzuwenden über den Platz, verfolgt von den Blicken der Zurückgebliebenen, die erstarrt und fassungslos dastehen.

ALF *wirft die Notizbücher auf den Tisch, zählt die Augenbinden*: Drei – es sind tatsächlich nur noch drei ... Ich fürchte, ich behalte recht: wer nicht beizeiten wählt, muß nehmen, was übrigbleibt ... *Er probiert Augenbinden an.*

CARLA *unbewegt zu Mosse*: Du hast den Rest nicht gesagt ... Wer so anfängt wie du, der muß den Rest sagen ... Alles ...

MOSSE: ... den Rest werde ich mir aufheben ...

CARLA: ... für seine Rückkehr. *Pause. Überzeugt:* Du wirst sehn, er wird zurückkommen ... *Verzweifelt:* Ja, er wird kommen ... Und euch beweisen, daß es nicht stimmt ... *Anklägerisch:* Du selbst hast gesagt, daß du dich auf ihn verläßt ... Daß du ihm alles überlassen möchtest ... *Überzeugt:* Ich kenne Erik besser ... Ihr werdet eure Überraschung erleben. *Zu Alf*: Und du: Du vor allem – eine Überraschung.

ALF: Um so besser.

CARLA: Zumindest unternimmt er etwas.

ALF: Wo nichts zu unternehmen ist.

CARLA: Und versucht etwas zu erreichen.

ALF: Wo nichts zu erreichen ist.

CARLA: Das ist eben ... der Unterschied zwischen euch.

ALF *mit vorgegebener Bekümmerung*: Ich gebe zu, daß

ich anders bin ... Ich habe einen angeborenen Respekt vor dem Unvermeidlichen.

MOSSE: Hört auf ... *Streicht sich über die Augen.* Unvermeidlich: noch ist es nicht soweit ... noch können wir etwas tun.

ALF: Eben. Man ist gütig genug, uns wählen zu lassen ... Entweder – *zeigt zum Ort* – dort unten: frei und mit der Binde über den Augen ... oder sehend und hier ...

MOSSE *steht mühsam auf*: Holt mich ... holt mich, wenn der Bürgermeister kommt.

CARLA: Ich helfe dir, Papa. *Sie hilft ihm.*

ALF: Der Bürgermeister kommt nur, wenn es sich lohnt für ihn.

MOSSE *zu Alf*: Etwas habe ich gelernt ... jetzt ... auf dieser Expedition ...

ALF: Über Schädelformen?

MOSSE *geringschätzig*: Über Parasiten ... Es kann geschehen, was will: immer stellen sich Parasiten ein ... bei jedem Ereignis, in jeder Lage ... sogar die Verzweiflung findet ihre Parasiten.

ALF: Verzweiflung ist wohl nicht sehr ergiebig.

MOSSE: Ihr Humor bestätigt es ... Ihr parasitärer Humor. *Er geht mit Carla ab.*

Alf sucht nach Kippen auf dem Boden, findet eine, zündet sie an, macht zwei Züge, verbrennt sich fast die Finger, drückt die Kippe aus. Geht ans Geländer, lauscht.

Mircea gleitet aus der Hängematte, kommt leise näher, bleibt hinter einem Korbstuhl stehen.

Alf wendet sich um, erschrickt.

ALF: Fast hätte ich mich erschrocken, Sie Leisetreter.

MIRCEA: Ihre Freunde, sind sie fort?

ALF: Das nächste Mal kündigen Sie sich an, wenn's geht ... nämlich ich hab etwas gegen das Leisetreten.

MIRCEA: In den Ort? Sind sie in den Ort gegangen?

ALF *zynisch*: Zu Ihren Lieben, ja ... Ins Tal der reinen Zufriedenheit.

MIRCEA: Sie sind zufrieden bei uns.

ALF *grimmig*: Sicher, mein Junge.

MIRCEA: Sie kennen die Heiterkeit ...

ALF: ... sicher ... und die Musik und den Tanz und die Freude an frischen Brötchen ...

MIRCEA: Sie können sich überzeugen ...

ALF: Machen Sie sich nicht lächerlich.

MIRCEA: Auch wenn Sie es nicht glauben: Jeder lebt mit einem Spiegel ... mit einem inneren Spiegel ... Darin sieht er, was nötig ist ... Was er braucht von der Welt.

ALF: Glaub ich, mein Junge ... Was mich nur stört: einer bestimmt, was in dem Spiegel zu sehen ist. *Leise:* Hieß er nicht Bing?

MIRCEA: Was meinen Sie?

ALF: Der Kaiser ... der fernöstliche Kaiser ... im Zweifelsfall hieß er Bing, ja ... Der kam auf die glorreiche Idee, seinem Volk Tabletten zu verordnen: Zufriedenheits-Tabletten ... eine zum Frühstück, eine zum Abendbrot ... Sie verstehn: Tabletten, die zufrieden machen, heiter, gelassen ... Und der Herr Bing hatte ein sehr zufriedenes Volk, ja ... Bis einer – mit einem empfindlichen Magen, der an Erbrechen litt ... bei diesem Mann wirkte die Pille nicht ... er kam nicht in den Genuß offizieller Zufriedenheit, verstehn Sie?

... Die Folge: er war unzufrieden ... Und auf einmal erkannte er, wie viele Gründe es gab zur Unzufriedenheit ... er erkannte sie und fand Geschmack an weiterem Erkennen ... Und mit seiner Unzufriedenheit hätte er tatsächlich ganze Provinzen infiziert, wenn nicht dieser Herr Bing ... Gottlob, wurde der Mann entdeckt ... übrigens vom Kaiser persönlich, der es sich natürlich leisten konnte, selbst auf die Pille zu verzichten.

Pause.

MIRCEA: Ich begreife Sie nicht.

ALF: Man erlöste ihn von seinem Magenleiden ... ich meine den Mann, der unaufhörlich kotzen mußte ... man erlöste ihn auch von seiner Unzufriedenheit.

MIRCEA: Ich weiß nicht, was Sie damit sagen wollen.

ALF: Nicht?

MIRCEA: Nein.

ALF: Es gibt immer welche, die andere erlösen müssen ... von ihrer Unzufriedenheit, von ihrem Zweifel. Von den Anfechtungen des Sehnervs ... Richtig verwendbar, verstehen Sie, brauchbar sind wir erst nach unserer Erlösung ... *Pause.* So wie Sie, mein Junge.

MIRCEA: Ich?

ALF: Merken Sie es nicht? Sie sind mitten in Ihrer Erlösung, mein Junge ... auf dem Weg ins Tal der reinen Zufriedenheit ... und das alles freiwillig. *Alf tritt näher an Mircea heran.*

MIRCEA: Wir haben unsere Gesetze.

ALF *auf die Verknotung der Augenbinde blickend*: Wie lange dauerte es eigentlich?

MIRCEA: Dauerte was?

ALF: Ihr Auge ... Wie lange ertrugen Sie es, Ihr widerspenstiges Auge offen zu halten?

MIRCEA: Ich kann Ihnen nicht antworten.

ALF: Zehn Minuten? Fünf? Oder nur Sekunden? ... Das würde mich interessieren ... Haben Sie die Sonne gesehen? ... Hm? Oder eine funkelnde – die funkelnde Schraffur einer Regenwand? Was erblickten Sie?

Mircea schweigt.

Na, welch ein Angebot machte Ihnen die Welt ...?

MIRCEA: Ich sah Staub. Eine Staubwand.

ALF: Das war alles, was die Welt Ihnen zu bieten hatte? ... Kleinlich ... Oder wagten Sie nicht mehr zu erkennen? Hm? Hatten Sie vielleicht Angst?

MIRCEA: Wovor?

ALF: Mehr zu sehen ... Ihren Wasserfall ... den Fluß ... Ihren Vater ... die andern ... Hatten Sie Angst, Mitwisser zu werden? ... *Er ist davon überzeugt.* Das wird es gewesen sein: Sie wollten kein Mitwisser sein ... Sie hatten Schiß, mein Junge ... Sie wußten, daß Ihnen ein zu langer Blick Unannehmlichkeiten macht ... Vielleicht sogar eine Entscheidung abverlangt.

MIRCEA *will zur Hängematte, Alf hält ihn fest*: Lassen Sie mich gehn.

ALF: Und jetzt – wir sind allein – lassen Sie mich Ihr Auge sehen ...

MIRCEA: Niemand darf die Binde entfernen.

ALF *abgründig lächelnd, entschlossen*: ... das Auge, in dem die Welt erschien ... und das es nicht mehr wagte, offen zu bleiben.

MIRCEA: Es ist strafbar ... Wer die Binde vor der Zeit

entfernt, muß mit dem Äußersten rechnen ... Wer den Prozeß unterbricht ...

ALF *versperrt Mircea den Weg*: Nehmen Sie die Binde ab, Hasenherz.

MIRCEA: Niemals.

ALF: Einen Augenblick nur ... Ich werde Ihnen etwas zeigen ... was Sie noch nie gesehen haben. *Er zieht einen Taschenspiegel heraus.*

MIRCEA: Es geht nicht.

ALF: Wissen Sie überhaupt, warum Sie die Binde tragen? ... Damit Sie sich selbst vergessen können ... Also? ... Ich habe einen Spiegel ... der zeigt Ihnen alles, mein Junge ... Machen Sie schon ... Es wird Ihnen besser gehen – hinterher ... Sie werden vielleicht nicht glücklicher sein ... Aber Vorwürfe – Sie brauchen sich dann weniger Vorwürfe zu machen.

MIRCEA: Sie haben kein Recht.

ALF: ... Ihnen das Auge zu öffnen? Sieh mal an, Hasenherz ... ich habe angeblich kein Recht, hinter diese Binde zu gucken ... Und ihr? Woher nehmt ihr euch das Recht, mir diese Binde gewaltsam umzulegen?

MIRCEA: Wenn Sie nicht sofort loslassen ...

ALF: Was dann!? *Geringschätzig:* Hm? Was dann?

MIRCEA: Ich warne Sie.

ALF *erbittert*: Ich hab die Warnung verstanden.

Alf reißt Mircea die Augenbinde herunter. Mircea bedeckt blitzschnell mit den Händen seine Augen, so als wollte er sie vor dem schmerzhaft einschießenden Licht schützen. Alf weicht einige Schritte zurück, lauscht mit der Binde in der Hand. Stille. Alf geht langsam auf Mircea zu.

Und jetzt, öffne die Augen ... zeig mir dein Auge, hörst du ... Sieh mich an ... *Hält ihm den Taschenspiegel entgegen.* Riskier es ... riskier es doch!

MIRCEA *stürzt in Richtung zur Hängematte, laut rufend:* Gaspar! Hilfe, Gaspar ...

ALF *ihn verfolgend:* Sieh mich an!

MIRCEA: Gaspar! Hilfe!

ALF: Sei still ... was tu ich dir denn ... *Er versucht Mirceas Gesicht gewaltsam aufzuheben, um es betrachten zu können.*

Mircea widersetzt sich.

MIRCEA: Gaspar!!!

CARLA *von der Tür:* Um Gottes willen ... Alf ... laß ihn los.

ALF: Hilf mir, Carla ... komm her und hilf mir.

CARLA: Was machst du mit ihm. *Schnell zu den Männern.*

ALF: Seine Binde. *Er gibt Carla Mirceas Augenbinde.*

CARLA *erschrocken:* Du? Hast du sie abgerissen?

ALF: Sieh dir sein Auge an!

CARLA: Warum tust du das!

Alf hält Mircea mühsam fest.

MIRCEA: Gaspar!

Gaspar und zwei Männer erscheinen, sie trennen Alf von Mircea, sie halten beide fest.

Er hat es getan, Gaspar ... Er ... Ihr müßt meinen Vater holen.

Carla beobachtet Caspars Bewegungen, heftige, zielsichere Bewegungen, die so wenig an die eines Blinden erinnern. Überraschung. Kühle Neugierde überwiegt ihre Anteilnahme. Sie hat zum erstenmal einen Verdacht.

GASPAR *zu einem der Männer*: Hol den Bürgermeister.

ALF *zu Carla*: Diesmal kommt er ... Du wirst sehn: diesmal kommt er.

GASPAR: Schweigen Sie.

CARLA: Du hättest das nicht tun sollen, Alf.

GASPAR *zu Carla*: Die Binde.

Carla reicht ihm die Binde.

Gaspar legt sie Mircea um. Dabei zu Alf: Machen Sie sich auf etwas gefaßt.

ALF: Ich bin immer auf etwas gefaßt.

CARLA: Mußtest du ... mußtest du das wirklich tun?

ALF: Ich fühl mich besser ... Nun, Carla ... du glaubst es nicht, aber ich fühl mich besser.

Vorhang

DRITTER AKT

Dekoration wie im ersten und zweiten Akt. Auf der Veranda steht ein länglicher Tisch; von der Tischplatte hängen Lederriemen herunter: ein kunstloser Operationstisch. Unter dem Tisch ein schäbiger Koffer, der das Operationsbesteck enthält. Professor Mosse, müde und nicht ganz gegenwärtig, sitzt in einem Korbstuhl; stehend hinter ihm, die Hände auf seinen Schultern, Carla. Eine Gruppe für sich bilden Alf und die beiden Männer, die Gaspar begleitet haben; Alf ist gefesselt. Eine andere Gruppe: der Bürgermeister, Gaspar, Mircea und ein sehr zarter Mann mit leerem Gesicht und mechanischen Bewegungen: der Operateur. Seine Stimme ist tonlos, von herausfordernder Sachlichkeit. Die Assistentin des Operateurs.

BÜRGERMEISTER *zu Mosse*: Sie haben das Urteil gehört.

MOSSE: Wie bitte?

BÜRGERMEISTER: Nach unseren Gesetzen kann es nur ein Urteil geben.

MOSSE: *resigniert*: Das sagten Sie, ja.

BÜRGERMEISTER *ohne Erregung*: Ihr Mann hat sich des schwersten Vergehens schuldig gemacht ... Unterbrechung ... Er hat den Prozeß der «Heimkehr» unterbrochen – bei einem anderen ...

MOSSE: «Heimkehr» nennen Sie das.

BÜRGERMEISTER: Den Prozeß, der die Heimkehr zu den andern möglich macht.

MOSSE: Welche Strafe hat er zu erwarten?

BÜRGERMEISTER: Blendung.

MOSSE: Blendung?

CARLA *heftig*: Das dürfen Sie nicht ... Mein Gott, Sie haben kein Recht dazu.

BÜRGERMEISTER: Wir lassen mildernde Umstände gelten.

CARLA: Das ist unmenschlich.

BÜRGERMEISTER: Mildernde Umstände? ... Das Gesetz sieht vor, daß bei diesem Vergehen die Hornhaut geätzt wird ... Mit ungelöschtem Kalk ... Diese Art der Blendung geht nicht ohne Schmerzen ab und beansprucht ihre Zeit ... Wir bestehen nicht darauf.

MOSSE: Was dann?

BÜRGERMEISTER: Wir legen das Gesetz günstiger aus: Durchtrennung des Sehnervs.

CARLA *erschrocken*: Nein! *Leise:* Nein ... Nicht das.

BÜRGERMEISTER: Es ist ein Zugeständnis.

CARLA *tritt an Alf heran, umarmt ihn, die beiden Männer trennen die Umarmung*: Alf ... Das ist nicht wahr ... das kann niemand verlangen. *Zu Mosse:* Papa ... Du mußt es verhindern.

MOSSE *aufschreckend*: Was sagst du?

CARLA: Was sie mit Alf vorhaben: Hast du es gehört?

Radbruch erscheint vor der Veranda. Er trägt die Augenbinde.

Carla entdeckt ihn zuerst.

MOSSE: Ja, mein Kind.

CARLA: Erik! Hier! Schnell! *Sie läuft ihm entgegen. Sie hilft ihm die Treppe herauf.* Jetzt kannst du sie abnehmen. *Sie will ihm die Augenbinde abnehmen. Er hindert sie daran.* Da! Sieh dir an, was geschehen soll – mit Alf ... Blenden ... er soll geblendet werden ... *Sie will das Band der Binde aufknoten.*

RADBRUCH: Warte, Carla.

CARLA: Willst du sie nicht abbinden?

RADBRUCH: Ich will dich nur holen ... Ich bin nur hergekommen, um dich zu holen.

CARLA: Holen? Wohin?

Pause.

BÜRGERMEISTER *zu Carla*: Ihr Mann hat sich entschieden ... Wir dürfen ihn willkommen heißen bei uns ...

Pause.

CARLA *irritiert*: Du hast dich – entschieden?

BÜRGERMEISTER *zu Alf*: Das ist die letzte Möglichkeit ... Es wäre unser äußerstes Zugeständnis: Wenn Sie jetzt die Binde nehmen – wir könnten auf diese Prozedur – *zeigt auf den Tisch* – verzichten ... Ihr Freund – *blickt auf Radbruch* – hat es Ihnen gezeigt ... Vernunft ... In Ihrer Lage haben Sie nur noch einen Ratgeber: Vernunft.

CARLA *zu Radbruch*: Was heißt das, du hast dich entschieden?

Pause.

BÜRGERMEISTER *zu Alf*: Worauf warten Sie?

RADBRUCH: Bist du bereit, Carla? ... Wir gehn zusammen in den Ort. Man wird uns führen.

CARLA: Du willst uns verlassen?

RADBRUCH: Vorbereiten ... Wir werden die Ankunft der anderen vorbereiten. Bald ... eines Tages werden sie nachkommen.

CARLA *bestürzt*: Erik ... Was ist passiert ...? Wie redest du?

RADBRUCH: Wir haben keine Wahl.

CARLA *sehr erregt*: Du willst uns hier sitzenlassen? Du

willst – freiwillig – tun, was sie von uns verlangen? Du, mein Mann, willst uns sogar überzeugen und abholen? Bist du schon in ihrem Dienst? Was haben sie mit dir gemacht? ... Sag, was?

RADBRUCH: Zu manchen Einsichten kommt man widerwillig ... Und plötzlich ...

CARLA: Einsichten? Das nennst du Einsichten? *Wendet sich an Mosse, verzweifelt:* Papa! Hörst du das? ... Begreifst du das?

ALF *trocken:* Dein Mann kennt die Spielregeln ... die sicheren.

CARLA: Gibt's denn gar keinen Verlaß mehr ...

ALF: ... und weiß, wann er B sagen muß.

RADBRUCH: Kommst du, Carla?

CARLA *den Tränen nahe:* Geh ... geh, wenn es besser ist für dich ... Mein Gott, so verschwinde doch schon ... *In verzweifeltem Zorn:* Und hier ... hast du auch noch meine Binde ... *Nimmt eine Augenbinde vom Tisch, wirft sie Radbruch gegen die Brust.* Falls du mit einer nicht auskommst ... Oder für den Mund ... *Pause.* Warum stehst du noch hier?

RADBRUCH: Was mir möglich ist ... Ich werde für euch vorbereiten, was möglich ist. *Ab.*

CARLA: Geh endlich. *Sie hockt neben dem Sessel von Mosse.*

BÜRGERMEISTER *zu Alf:* Ich habe Ihnen ein Angebot gemacht.

ALF: Das muß ich überhört haben.

BÜRGERMEISTER: Dem Gesetz wäre Genüge getan, wenn Sie sich entschließen ... Wenn Sie nach dem Beispiel Ihres Freundes jetzt die Binde nehmen.

ALF: Ein großzügiges Angebot.

BÜRGERMEISTER: Manches bleibt Ihnen erspart. Manches wird Ihnen erleichtert.

ALF: Und was soll das sein?

BÜRGERMEISTER: Das Alltägliche.

ALF: Der Anblick der Tapeten ... Das Wetter ... Vielleicht – das innere Gleichgewicht: meinen Sie das? *Pause.* Ich bin nicht scharf darauf ... Vielen Dank für die Erleichterungen.

BÜRGERMEISTER: Sie wissen, was es bedeutet – die Zurückweisung unseres Angebots.

ALF: Sie werden es nicht wagen – Sie haben kein Recht!

BÜRGERMEISTER: Unsere Gesetze geben uns das Recht. *Zum Operateur:* Fangt an!

MOSSE: Komm, Carla, bring mich ins Haus.

BÜRGERMEISTER: Ich muß Sie bitten, zu bleiben.

MOSSE: Es ist unerhört ... Was hier geschieht, ist ein Verbrechen!

BÜRGERMEISTER: Fangt an!

Die Männer schleppen Alf zum Tisch. Sein körperlicher Widerstand ist nutzlos. Die Männer binden Alf mit den Lederriemen am Tisch fest.

MOSSE: Ich protestiere!

BÜRGERMEISTER: Gegen unsere Gesetze?

MOSSE: Sie erlauben ein Verbrechen.

BÜRGERMEISTER: Sie sind ein Ausdruck der Gerechtigkeit.

Der Operateur öffnet den Koffer. Der Operateur entnimmt dem Koffer das Operationsbesteck, Klemmen etc. Seine Assistentin hilft ihm. Carla und Mosse halten einander bei den Händen. Alf bäumt sich auf. Der Operateur ist bereit.

OPERATEUR *zu Alf*: Ich halte nichts von Ungewißheit. Ich weiß, was ich tue ... Sie sollen wissen, was geschieht ... *Pause. Lauscht in Richtung zum Bürgermeister.* Also: Die Bindehaut wird eröffnet. Ein Muskel wird angeschlingt. Es wird ein Zugang zum Sehnerv freigelegt ... Der Sehnerv ist als fester Stab zu denken. Die Klemme wird aufgesetzt. Die Klemme wird bewegt. Der Sehnerv wird durchtrennt.

MOSSE *mühsam*: Halt! Einen Augenblick ... *Zum Bürgermeister:* Ich bin bereit, die Binde zu nehmen, wenn diese Operation unterbleibt ... Wenn Sie ihn losbinden ... Wenn Sie nicht auf Ihrem Urteil bestehen, bin ich bereit dazu.

Pause.

BÜRGERMEISTER *zu Alf*: Haben Sie gehört? Professor Mosse hat sich angeboten, etwas für Sie zu tun. *Pause.* Bedeutet es Ihnen nichts?

Alf schweigt.

Wollen Sie nicht antworten?

Alf schweigt.

OPERATEUR: Bei der Durchtrennung des Sehnervs tritt der übliche Schmerz auf. Er ist kurz und wenig charakteristisch. Bemerkenswert ist der Lichtball, bevor Dunkelheit eintritt.

Pause.

BÜRGERMEISTER: Wir warten darauf, daß du es tust.

Der Operateur arbeitet. Es ist für den Zuschauer nicht entscheidbar, was ihm bei der Operation Sicherheit verleiht: die Routine, die er sich bei derlei Eingriffen offenbar erworben hat, oder seine – kaum glaubliche – Sehfähigkeit.

MOSSE: Alf! Hören Sie mich, Alf?

BÜRGERMEISTER: Es ist zu spät.

MOSSE: Sie dürfen das nicht zulassen.

BÜRGERMEISTER: Es wird ihm nützen ... Ein zumutbarer Schmerz ... Danach wird es ihm nützen.

MOSSE: Er wird nie sein wie Sie.

BÜRGERMEISTER: Er wird nicht außen stehen.

MOSSE: Ich werde dafür sorgen, daß die Welt davon erfährt.

BÜRGERMEISTER: Sie werden ihr nichts Neues mitteilen.

MOSSE: Die Verantwortung ... Sie tragen die Verantwortung dafür.

BÜRGERMEISTER: Professor Mosse, Sie sind nicht die erste Expedition, die hier auftauchte ... die uns beobachtete und erforschte ... Und Sie sind auch nicht einmal die schwierigste Expedition ... Sie sind Wissenschaftler ... Sie beschränken sich doch nicht auf Ausflüge ins Universum ... Sie sind – bei all ihren Tätigkeiten – auf die Kenntnis der großen Gesetzmäßigkeiten aus ... Gesetzmäßigkeit: eben, wer sie aufgefunden hat – hier oder da –, kann Voraussagen machen. *Pause.* Alle Expeditionen, die hier erschienen, haben sich eines Tages aufgelöst ... ihre Mitglieder sind zu uns gekommen ... Mehr oder weniger freiwillig zu uns gekommen ... Der Leiter der ersten Expedition hielt es am längsten aus ... ein halbes Jahr lebte er hier, von seinen Kameraden verlassen ... Dann erschien er und bat um die Binde ... *Pause.* Er starb als glücklicher Mann: es war mein Vater ...

Alf stöhnt auf.

BÜRGERMEISTER *in Richtung zu Alf*: Er ist uns näher gekommen ... unserer Gemeinschaft: ein großes Stück näher.

CARLA *starr vor Entsetzen*: Ich frag mich – mein Gott, ich frag mich, woher Sie den Mut nehmen zu solchem Zynismus.

BÜRGERMEISTER: Für ihn ist die Welt das geworden, was sie für uns ist.

Alf stöhnt auf.

Bringt ihn ins Haus.

OPERATEUR: Nur noch die Binde. *Er legt Alf eine Augenbinde um.* So.

Alf wird losgebunden. Die Männer führen ihn ins Haus.

Carla will ihnen hinterher gehen.

BÜRGERMEISTER: Lassen Sie ihn allein ... Sie können ihm nicht helfen.

MOSSE: Bleib hier, mein Kind.

CARLA: Warum können wir nichts tun ... warum zwingen sie uns, Zeugen zu sein.

MOSSE: Wir werden berichten, was hier geschehen ist.

BÜRGERMEISTER: Professor Mosse – ich wollte sagen: wer die Gesetzmäßigkeit kennt, kann Voraussagen treffen ... Sie wissen, was Sie eines Tages werden tun müssen ... unweigerlich tun ... Warum zögern Sie?

CARLA: Haben Sie immer noch nicht genug? Sie – Sie lassen das geschehen ... Und von uns verlangen Sie eine Theorie Ihrer – Ihrer Unbarmherzigkeit ... Wie weit wollen Sie denn noch gehen?

BÜRGERMEISTER: Ich bin für die Sicherheit dieses Ortes verantwortlich ... für seine Ordnung ... für sein Gleichgewicht ... Falls Sie mich sprechen wollen – ich bin immer für Sie zu erreichen. *Zum Operateur:* Komm!

Aus dem Haus treten die anderen Männer. Alle ab, bis auf Mircea, der zu seiner Hängematte geht, sich hineinlegt.

MOSSE: Wenn du zu Hause geblieben wärst: Du hättest dir alles ersparen können.

CARLA *aus der Situation erwirbt sie einen Zuwachs an Kraft*: Ich bin aber hier. Bei dir.

MOSSE: Bei mir ... Es hilft dir nicht viel.

CARLA: Ich muß zu Alf. Einer muß sich um ihn kümmern.

MOSSE: Er kann jetzt nichts als allein sein. Was er braucht, kann ihm niemand bringen.

Pause.

CARLA: Warum hat er das getan?

MOSSE: Alf?

CARLA: Erik! Warum hat er das getan ... Freiwillig ... Was kann er denn vorbereiten?

MOSSE: Er wird wiederkommen. Er braucht uns.

CARLA: Er braucht uns?

MOSSE: Er wird erst seine Ruhe finden, wenn wir ihm gefolgt sind. Wenn wir uns entscheiden, wie er sich entschieden hat.

Pause.

CARLA: Papa, war es sein Gesicht? ... Damals, in der Ruinenstadt ... als die Opferbank brach und du abgestürzt bist: war es Eriks Gesicht, das du über dem Brunnenrand –

MOSSE: Warum willst du das wissen, ausgerechnet jetzt?

CARLA: War es Erik?

MOSSE *schonend*: Ich glaube ... ja, ich glaube es.

CARLA: Wollte er dich – wirklich – aufgeben?

MOSSE: Wer hat dir das erzählt?

CARLA: Wollte er es? Ja oder nein?

MOSSE: Carla, wir müssen überlegen, was jetzt geschehen soll ... Ich habe Schmerzen ...

CARLA: Bist du ganz sicher, daß er es tun wollte?

MOSSE *schonend*: Vielleicht war es ... tatsächlich ... nur eine Zwangsvorstellung ...

CARLA: Du hast es geglaubt ... Du hast es also angenommen.

MOSSE: Wir allein sind übriggeblieben.

Pause.

CARLA: Wir werden übrigbleiben.

MOSSE *will aufstehen*: Ich sollte mich doch mal um Alf kümmern.

CARLA: Soll ich dir –

MOSSE: Nein, nein – es geht schon.

CARLA *plötzlich, sie verfolgt eine Idee*: Warte. Einen Augenblick noch.

MOSSE: Du solltest dich auch hinlegen ... Wer weiß, wann sie das Essen bringen.

CARLA: Mit Streichhölzern könnte man es versuchen –

MOSSE: Streichhölzer?

CARLA: Wenn du ein Streichholz anreißt ... vor dem Gesicht eines Blinden ... ganz nah –

MOSSE: Was hast du vor?

CARLA: Er wird nicht reagieren ... Oder? Er wird doch nicht reagieren.

MOSSE: Ein bekanntes Beispiel. Warum?

Kleine Pause.

CARLA: Oder eine niedrige Tür ... Wenn du einen Blinden durch eine niedrige Tür führst – niemals wird er den Kopf einziehen . . . das wäre eine Möglichkeit.

MOSSE: Warum fragst du danach?

CARLA: Mir ist etwas aufgefallen, Papa . . . Ich glaube, ich habe etwas gemerkt.

MOSSE: Carla, ich bitte dich . . . Es ist schon genug geschehen . . . Tu nichts, was unsere Schwierigkeiten vermehrt –

CARLA: Hast du nicht mal erzählt, daß man Fischschwärme ablenkt . . . durch Schattengitter? Wie heißt das? . . . Es gibt doch einen Namen dafür . . . Auch wir – vor einer beliebigen Schattengrenze – wir zögern doch zuerst? Oder? Wir halten an . . . vor einem plötzlichen Schatten.

MOSSE: Ich versteh dich nicht.

CARLA: Wart ab . . . Wart nur ab.

Pause. In ihrer Hand ein Messer aus dem Operationsbesteck.

MOSSE: Wo hast du das her . . . das Messer?

CARLA: Das Messer? Es lag vor mir, auf einmal . . . Man kann es gebrauchen.

MOSSE: Gib's mir. Da ist es sicher.

CARLA: Später.

MOSSE: Es ist sicherer bei mir.

CARLA: . . . aber nicht brauchbar . . . Und ich brauch es.

MOSSE: Sei vernünftig, Carla.

CARLA *besessen von ihrer Idee*: Ich will nur etwas wissen . . . Sei ganz ruhig . . . ich will nur etwas klarlegen . . . beweisen . . .

MOSSE *besorgt*: Klarlegen! . . . Du kommst nicht davon weg . . . Dir ist erst geholfen, wenn du alles weißt . . .

Bekümmert: Ein Schnitt und dann tiefer und immer tiefer – durch das Gewebe ... einen Stich: bis alles freiliegt ... Und am Ende? Was findest du am Ende? Einen Sinn? Glaub doch das nicht ... das letzte Verständnis? Damit hat man nichts gewonnen. *Er steht mühsam auf.* Du brauchst mir nicht zu helfen ... Gib nur acht bei dem, was du vorhast ... Hörst du, Carla?

CARLA: Mach dir keine Sorgen.

MOSSE *mühsam zur Tür:* Nein, ich muß es allein schaffen ... ich muß ausprobieren, was noch möglich ist. *Ab. Carla hebt die Augenbinde auf, die sie Radbruch zugeworfen hatte. Sie legt sie auf den Tisch. Sie hebt die beiden verbliebenen Augenbinden auf, vergleicht sie, bindet sie zusammen, stellt fest, daß sie offenbar zu kurz sind für das, was sie vorhat. Sie wirft die Augenbinden auf den Tisch.*

MIRCEA: Ich höre Sie ... Ich spüre, daß Sie da sind. *Mircea gleitet aus der Hängematte.* Warum antworten Sie nicht? *Pause.* Was tun Sie?

CARLA: Lassen Sie mich zufrieden.

MIRCEA *näher kommend:* Es tut mir leid, daß es geschehen mußte ... mit Ihrem Freund.

CARLA: Ich sagte, lassen Sie mich zufrieden.

MIRCEA *näher kommend:* Was kann ich denn dafür?

CARLA: Das wissen Sie nicht? *Geringschätzig:* Steigen Sie in Ihre Hängematte ... Legen Sie sich hin ... Tun Sie, was man von Ihnen erwartet.

MIRCEA: Er wird es vergessen – schneller, als Sie glauben.

CARLA *scharf:* Hören Sie auf. *Kleine Pause.* Ich kann es nicht mehr ertragen. *Rasch zitierend:* «Jetzt ist er uns näher gekommen» ... «Er ist nicht mehr allein» ... «Er ist am glücklichen Ufer» ... Ich kann diese Sätze nicht mehr ertragen ... sie sind schamlos.

MIRCEA: Sie haben nicht bei uns gelebt.

CARLA: Und ich werde hier nicht leben.

MIRCEA: Sie sind erregt.

CARLA: Was denn sonst? Wie jämmerlich ... Mein Gott, wie jämmerlich dieser Trost ist ... Wer hat das nur auf dem Gewissen? ... Diesen verfluchten Satz: «Um wirklich sehen zu können, muß man blind sein» ... Wem ist das nur eingefallen ...

MIRCEA: Ich warte freiwillig.

CARLA *höhnisch*: Sicher warten Sie freiwillig.

MIRCEA: Wenn ich zurückgehen kann ...

CARLA: ... gibt es ein Freudenfest ... Das ist klar.

MIRCEA *beherrscht*: Sie irren sich ... Sie waren noch nicht bei uns ... in unseren Straßen ... niemand hier denkt an Gefangenschaft ... Gehn Sie doch mal runter ... sprechen Sie mit den Leuten ... Und die Kinder ... fragen Sie die Kinder aus ...

CARLA *sarkastisch*: Vermutlich hört man überall Gesang?

MIRCEA: Es gibt mehrere Chöre.

CARLA: Das hab ich mir gedacht.

MIRCEA: In jedem Haus wird man Ihnen antworten.

CARLA: Und auf der Straße flüstern. *Sie geht plötzlich, vorsichtig, an ihm vorbei zur Hängematte.*

MIRCEA: Wie schnell Sie urteilen ...

CARLA: Es ist genug geschehen.

MIRCEA: Gehn Sie nicht fort ... bitte.

CARLA: Ich bleib hier, keine Angst. *Sie untersucht hastig die Hängematte.*

Mircea, *während er spricht, schneidet Carla die Zurrleine von der Hängematte*: Machen Sie eine Probe . . . Gehn Sie runter zu uns . . . Allein . . . Überzeugen Sie sich . . . Sie sind glücklich . . . Wenn Sie es wünschen – meine Schwester wird Ihnen helfen: Doina . . . Sie wird Sie führen . . . Sie haben Ähnlichkeit mit ihr . . . Sie können ihr alle Fragen stellen . . . Vielleicht werden Sie uns verstehen . . . *Kleine Pause.* Sind Sie noch da?

Carla: Immer noch, ja. *Sie wickelt die Schnur auf, kommt zurück.*

Mircea: Haben Sie keine Lust?

Carla: Wozu?

Mircea: Sich zu überzeugen? . . . Im Ort . . . vielleicht . . . wenn Sie nichts dagegen haben . . .

Carla: . . . möchten Sie sich als Fremdenführer anbieten? Wollten Sie das sagen?

Mircea: Ich könnte Sie bekannt machen mit unserem Leben.

Carla: Ich will nicht, verstehen Sie. Ich will nicht. *Sie mustert die Veranda, überlegt. Sie geht zur Verandatreppe, befestigt die Schnur an dem Pfosten der Treppe, achtet besonders darauf, daß die Schnur in Augenhöhe hängt. Sie befestigt in der Mitte der Schnur ein Taschentuch.*

Mosse *aus dem Haus*: Carla? Carla!

Mircea: Ihr Vater.

Carla: Ich hab's gehört. *Sie bindet das Taschentuch ab, steckt es ein, desgleichen bindet sie die Schnur vom Pfosten los, ruft:* Ja, ich komme. *Ab.*

Mircea *geht zu seiner Hängematte; entdeckt, daß sie schlaff durchhängt, versucht, die Ursache herauszufin-*

den, lauscht zur Tür des Hauses, wo Carla wieder erscheint.

Sie tritt heraus, lehnt sich gegen den Türrahmen.

Was tun Sie? ... Die Hängematte ... Was haben Sie mit der Hängematte gemacht?

Carla geht langsam, schweigend auf ihn zu.

Was haben Sie vor?

CARLA: Holen Sie den Bürgermeister.

MIRCEA: Ist etwas passiert?

CARLA: Ich bitte Sie, den Bürgermeister zu holen.

Kleine Pause.

MIRCEA: Ihr Vater?

CARLA: Er soll eine Bahre schicken ...

MIRCEA: Ist es schlimmer geworden?

CARLA: ... und Träger ... Er kann nicht gehn allein ... Sagen Sie dem Bürgermeister, er kann meinen Vater abholen lassen.

MIRCEA: Es tut mir leid ... Sie wissen, ich darf das Haus nicht verlassen.

CARLA: Der letzte ... Sagen Sie ihm, er kann kommen und den vorletzten holen ... Wir beide werden dann allein zurückbleiben.

MIRCEA: Sie erlauben es nicht.

CARLA: Sie bringen eine gute Nachricht ... Und ich bitte Sie.

MIRCEA: Es gibt keine Entschuldigung.

CARLA: Sie müssen eine Bahre mitbringen.

Kleine Pause.

MIRCEA: Wo sind Sie? *Er geht auf sie zu.* Gut. Ich gehe. *Leise:* Ihretwegen – nur Ihretwegen ... Ich weiß, daß Sie – mich verachten ...

Carla: Ich danke Ihnen.

Mircea: . . . weil ich stillhalte und tue, was man von mir verlangt . . . Sie und Ihre Leute verachten mich . . . Wenn ich nicht zurückkomme –

Carla: Sie werden zurückkommen . . . Ich warte auf Sie.

Mircea: Man kann nicht gegen die andern leben . . . nicht auf die Dauer. Bringen Sie mich zur Treppe, dann weiß ich Bescheid.

Carla führt Mircea zur Treppe und die Treppe hinab. Mircea will etwas sagen, verzichtet. Ab.

Carla blickt ihm nach und geht auf die Veranda hinauf. Mosse. Er wirkt sehr geschwächt.

Carla: Warum bleibst du nicht liegen?

Mosse: Ich will ihn im Freien erwarten. Bring mich zum Tisch.

Carla hilft ihm.

Carla: Der Junge, er holt ihn.

Mosse: Du bleibst nicht lange allein, mein Kind . . . Wenn es besser geht . . . gleich, wenn es besser geht, komme ich zurück . . .

Carla: Setz dich hin.

Mosse setzt sich.

Carla schiebt einen zweiten Sessel heran, legt Mosses Beine hoch.

Frierst du? Du siehst aus, als ob du frierst.

Mosse: Leg mir das Ding um . . . die Binde.

Carla: Wir haben noch Zeit.

Mosse: Ich möchte mich gewöhnen . . . Ein bißchen vorbereiten, weißt du . . . Wenn er kommt – ich möchte es nicht im letzten Augenblick tun . . . Also, fang an . . . fang an.

CARLA *ratlos*: Willst du nicht warten?

MOSSE: Carla?

CARLA: Ja?

MOSSE: Du glaubst doch nicht, mein Kind, daß ich dich allein lasse ... Ich meine: hier – für immer – allein ... das glaubst du doch nicht?

CARLA: Nein, Papa.

MOSSE: Dieser Gedanke wird mir helfen ... Ich werde schnell gesund werden ... Der Gedanke, daß du hier bist – aushältst: er wird alles beschleunigen ... Wollen wir es uns – versprechen?

CARLA: Was?

MOSSE: Die Rückkehr. Und das Aushalten. Ich verspreche dir, zurückzukommen ... Und du versprichst mir, auszuhalten ...

CARLA: Müssen wir das tun? Ist es soweit gekommen? *Sie geht hinter seinem Rücken zum Verandapfosten. Sie nimmt das Ende der Schnur auf und befestigt sie in Augenhöhe.*

MOSSE: Du hast recht: wir machen es wie früher ... Weißt du noch? Was gesagt ist, ist versprochen ...

CARLA: Du wirst gesund werden. *Sie mißt den Abstand der Schnur vom Boden.*

MOSSE: Leg mir jetzt das Ding um.

Sie befestigt ihr Taschentuch etwa in der Mitte der Schnur.

Kommst du?

CARLA: Ja, ich komme. *Im Vorbeigehen nimmt sie eine Augenbinde vom Tisch.*

MOSSE: Ich werde – weißt du, was ich tun werde ...?

CARLA: Du wirst Ruhe halten, Papa.

MOSSE: Unter der Binde werde ich die Augen schließen ...

CARLA: Wollen wir nicht warten?

MOSSE: Nein ... Wir wollen uns nicht aufhalten ... Ich will bereit sein, wenn er kommt.

CARLA *legt ihm die Binde über die Augen; zögert, nimmt sie ihm wieder fort*: Unmöglich ... ich kann es nicht ...

MOSSE: Denk, daß du mir hilfst ... dann geht es.

Kleine Pause.

CARLA: Ja ... ja. *Sie legt ihm die Binde über die Augen, verknotet sie am Hinterkopf. Sie tritt fast erschrocken zurück und mustert ihren Vater, der reglos und dabei gespannt in seine plötzliche Dunkelheit lauschend daliegt.*

MOSSE: Farbig, Carla ... die Dunkelheit ist farbig. Da sind Streifen und Kreise.

CARLA *verzweifelt*: Bitte, hör auf ... Hör auf.

MOSSE: Du kannst die Farben – fast – unterscheiden.

CARLA: Sprich jetzt nicht.

MOSSE: Goldene Streifen ... feuerfarben. *Plötzlich:* Entschuldige.

CARLA: Du darfst dich nicht anstrengen.

MOSSE: Du kennst meine Zähigkeit ... Du bist doch nicht unsicher geworden? ... Zweifelst du vielleicht? ... Wir gleichen uns ... Das haben viele gesagt ... Wir können uns aufeinander verlassen.

CARLA: Ich werde hierbleiben.

MOSSE: Wenn die Schmerzen vorbei sind ... hier in der Brust –

CARLA: Ich weiß, Papa. *Sie tritt an den Tisch. Sie nimmt die letzte, ihr zubestimmte Augenbinde. Sie zerschnei-*

det die Augenbinde mit dem Messer, wirft die Stücke auf den Boden.

MOSSE: Was tust du?

CARLA: Ich verspreche dir, zu warten.

Kleine Pause.

MOSSE: Du mußt dich um Alf kümmern.

CARLA: Ich werde mich um ihn kümmern.

MOSSE: Ich hätte es ihm nicht zugetraut ... Er will hierbleiben ... Er ... Er will nicht gehn, solange du hier bist ... Was sagst du dazu?

CARLA: Ich glaube, sie kommen.

Der Bürgermeister. Gaspar. Zwei Männer mit einer Bahre. Mircea. Radbruch.

Bleib liegen, Papa ...

Der Bürgermeister und Gaspar steigen die Verandatreppe hinauf. Sie zögern vor der Schnur, tauschen schnell einen Blick. Beide bücken sich leicht und gehen unter der Schnur hindurch.

Mircea folgt ihnen. Er läuft mit dem Gesicht gegen die Schnur.

Carla geht rasch zum Pfosten und bindet die Schnur ab.

BÜRGERMEISTER: Professor Mosse, Sie haben mich rufen lassen.

CARLA *mit bitterer Sicherheit*: Nimm deine Binde ab, Vater!

MOSSE *ratlos*: Wie bitte?

CARLA: Du kannst deine Binde abnehmen.

MOSSE: Wo ist der Bürgermeister?

BÜRGERMEISTER: Sie brauchen unsere Hilfe?

MOSSE: Ja.

CARLA *geht schnell auf Mosse zu, löst die Binde*: Du hast es nicht nötig ... Niemand ... niemand hat es nötig, die Binde zu tragen ... Hier nicht ...

MOSSE: Carla! ... Was hast du getan?

CARLA: Nichts. Nichts Besonderes ... Nur, was einer tun mußte ... *Zu Gaspar und zum Bürgermeister hinübernickend:* Sieh sie dir an ... Merkst du nichts? Du wirst gesehen ... Dein Blick wird erwidert! ... Es trennt sie nichts von uns ... Nichts ... Ihnen hat die Krankheit nichts getan ... Oder sie haben sich losgekauft von ihr ... *Zu Mosse:* Na? Spürst du, wie dein Blick aufgenommen wird? Sie erkennen dich, Papa ...

MOSSE *unbehaglich*: Was ist denn hier geschehen?

BÜRGERMEISTER: Sie haben uns rufen lassen.

CARLA *zu Mosse*: Sie haben es zugegeben ... Vor diesem Hindernis – einer gespannten Schnur – haben sie es zugegeben: sie sehen ... Ich habe es geahnt, nun weiß ich es: Einige können sehen, Papa ... Ich habe den Beweis ... Du brauchst die Binde nicht zu tragen.

Kleine Pause.

BÜRGERMEISTER: Ich bin gespannt, was Sie mit Ihrem Wissen anfangen wollen.

CARLA: Jetzt haben wir Gewißheit.

BÜRGERMEISTER: Ich fürchte, daß es Ihnen kaum helfen wird.

CARLA: Unterschiede – weißt du noch: man wollte uns willkommen heißen, wenn es keine Unterschiede mehr gibt ... Wie hieß es: wenn die Welt für Sie das geworden ist, was sie für uns ist ... Alles Täuschung ... Mein Gott, alles nur Vorwand und Trick und Blendung ...

Bürgermeister: Auch wenn Ihre kleine List erfolgreich war ... ich zögere, Sie zu beglückwünschen.

Carla: Aber Sie geben es zu ... *Zu Mosse:* Du hast es gehört ... *Zum Bürgermeister:* Ich habe Sie beobachtet ... Ihre Bewegungen ... Ihr Lauschen ... Ich hab mich gezwungen, dem Operateur zuzusehen ... Das Einverständnis auf Ihren Gesichtern –

Bürgermeister: Ihre Enttäuschung zeigt, wie wenig Sie begriffen haben.

Carla: Begreifen? ... Hier gibt es nichts zu begreifen –

Bürgermeister: Nennen wir es: verstehen.

Carla: Hören Sie doch auf ... Sie haben uns gezeigt, was von Ihren Forderungen zu halten ist ... von Ihren Ansprüchen ... Ich verstehe Sie, o ja ... Ich verstehe Sie besser, als es Ihnen angenehm sein kann ... Sie haben sich auf Ihre Gesetze berufen ... Im Namen Ihrer Gesetze haben Sie das alles geschehen lassen ... Aber wer hat sie gemacht, diese Gesetze? ... Und für wen?

Bürgermeister: Ich bin nicht hier, um mich zu rechtfertigen.

Carla: ... Angst hat diese Gesetze gemacht ... Die Angst vor dem Moment, daß ein krankes Auge sich öffnet ... Das ist die Gefahr: ein Auge, in das auf einmal Licht fällt ...

Bürgermeister: Ich sagte, Sie begreifen es nicht ... Wer für das Gleichgewicht zu sorgen hat ... für das Gleichgewicht der Dinge ... ist auf Abstand angewiesen ... Er braucht seine Einsamkeit ... Anders sein: er muß sich ausschließen, anders sein ... Weil Nähe anstekkend ist, muß er auf Nähe verzichten ... Er tut das gleiche wie die andern, doch er darf sich nicht darin verlieren. *Plötzlich zu Mosse:* Sie wollten mich sprechen?

MOSSE: Ja.

BÜRGERMEISTER: Sind Sie bereit?

CARLA: Sie dürfen das nicht verlangen ... Die Binde ... Jetzt –

BÜRGERMEISTER: Ihr Vater wird die Hilfe erhalten, die er braucht. Vorausgesetzt – er unterwirft sich den Bedingungen.

CARLA: Warum? Warum jetzt noch?

BÜRGERMEISTER: Wir können keine Ausnahmen machen. Niemand würde es verstehn.

CARLA: Aber Sie selbst ... Sie und ein paar andere ... Sind Sie denn keine Ausnahmen?

BÜRGERMEISTER: Wir sind verbunden mit dem Los unserer Leute.

CARLA *verstört*: Erklär mir das, Papa ... Das mußt du mir erklären: man wacht auf und ist mitten in einem Traum –

BÜRGERMEISTER: Professor Mosse, sind Sie bereit?

MOSSE *apathisch*: Ja, ich glaube.

BÜRGERMEISTER: Die Bahre!

Die beiden Träger mit der Bahre kommen auf die Veranda.

Radbruch folgt ihnen langsam.

CARLA: Nimm sie nicht ... Die Binde, Papa: nimm sie nicht.

MOSSE *hilflos*: Was soll ich denn tun?

CARLA: Das ist das einzige, was uns geblieben ist: wir können uns weigern ...

Mosse *schwach*: Wir haben uns ... das Nötigste versprochen ...

Carla: Aber – wenn du die Binde nimmst ... Du erkennst sie an ... Du bestätigst sie ...

Bürgermeister: Kommen Sie mit uns –?

Mosse *hilflos, mit bejahender Geste*: Ja ... ja.

Bürgermeister *ihm die Binde umlegend*: Sie werden die Hilfe erhalten, die Sie brauchen.

Radbruch *leise*: Carla?

Schweigen.

Carla, hörst du mich?

Carla *tonlos*: Was ist?

Radbruch: Du kannst hier nicht bleiben ... allein, ohne Schutz.

Carla: Willst du bei mir bleiben?

Radbruch: Komm mit ... Wir sind dann alle zusammen ... wieder zusammen.

Carla: Ich dachte, du wolltest mir deinen Schutz anbieten ... Hier.

Radbruch: Es lohnt sich doch nicht. *Kleine Pause.* Was willst du erreichen? Wem willst du etwas beweisen? Komm mit.

Carla: Keine Angst: ich sorge selbst für meinen Schutz ... *Unerwartet:* Warum bemühst du dich plötzlich so um mich? Hm? Warum bist du so besorgt? Du hast mir doch auch sonst nicht deinen «Schutz» angeboten ... Warum jetzt auf einmal ... Soll ich dir sagen, warum? ... Der Zweifel läßt dir keine Ruhe ... *Mit traurigem Triumph:* Ich will nichts erreichen ... ich will euch auch nichts beweisen ... keinem ... Nur dies kleine Recht: sehen, was ich sehen will. Ja sagen, wenn es möglich ist ... Und nein – wenn ich nicht anders kann ... *Bitter:* Und jetzt geh ... Laß mich allein –

BÜRGERMEISTER *zu den Trägern*: Auf die Bahre ... Vorsichtig ...

Sie heben Mosse auf die Bahre.

MOSSE *hoffnungslos*: Wir haben es uns versprochen, Carla.

CARLA: Ja ... ich warte auf dich.

BÜRGERMEISTER *zu Carla, zynisch*: Es tut mir leid.

CARLA: Was?

BÜRGERMEISTER: Daß ich Sie allein lassen muß ... mit Ihrer Genugtuung ... mit Ihrer Entdeckung ... Ich hätte gewünscht, daß jemand bei Ihnen geblieben wäre ... ein guter Zuhörer zum Beispiel ... Aber trösten Sie sich: viele unserer Entdeckungen sind nutzlos.

CARLA: Sie irren sich ... Es könnte sich einiges ändern.

BÜRGERMEISTER: Und was, wenn ich fragen darf?

CARLA: Sie vielleicht ... Ich ... Ein anderer.

BÜRGERMEISTER: Wir haben Sie nicht aufgegeben ... Sie wissen, auf welchem Weg Sie uns erreichen. *Zu den andern:* Fertig? Kommt!

MIRCEA: Halt ... noch nicht. *Er nimmt die Binde ab. Er hebt blitzschnell die Hand vor die Augen. Er hält dem Bürgermeister die Binde hin.*

Die Träger setzen die Bahre ab.

Hier, Vater: das kannst du mitnehmen, ich brauch es nicht mehr!

Kleine Pause.

BÜRGERMEISTER *fassungslos*: Mircea ... Ist dir klar, was du tust?

MIRCEA *die Binde hinhaltend*: Nimm endlich. *Er bedeckt*

mit einer Hand immer noch seine Augen. Er scheint sich völlig auf sein Gehör zu verlassen. Nimm sie doch!

BÜRGERMEISTER: Du darfst die Binde nicht abnehmen!

MIRCEA: Hier ... damit ihr Vorrat habt. *Er wirft die Binde seinem Vater hin.*

BÜRGERMEISTER *befehlend*: Gaspar!

Gaspar packt Mircea, hält ihn fest.

MIRCEA: Jetzt geht mir ein Licht auf!

BÜRGERMEISTER: Du weißt, was darauf steht.

MIRCEA: Jetzt wird mir vieles klar .... Und ich habe dir vertraut ... Alle haben dir vertraut.

BÜRGERMEISTER: Wovon sprichst du?

MIRCEA: Wovon ich spreche? Hast du nicht verkündet, worauf es ankommt? Daß wir die Herrschaft der Krankheit hinnehmen müssen. Daß es nötig ist, uns mit ihr zu befreunden ... daß wir uns einrichten müssen in ihr, wenn wir – frei sein wollen ... Hast du das nicht immer wieder gesagt ... Hast du nicht behauptet, daß keiner von uns wählen kann ...? Und ich hab dir geglaubt ... Du hast dir das Recht genommen, uns die Welt zu erklären ... Du hast uns Ratschläge gegeben ... Du hast uns Verbote ausgesucht ... Und wir glaubten, einer von uns hat das getan ... in Notwehr ... In Wirklichkeit hast du nie zu uns gehört ...

BÜRGERMEISTER *zynisch*: Mir scheint, das sind ziemlich allgemeine Vorwürfe.

MIRCEA *mit kontrollierter Verachtung*: Dann will ich genauer werden.

BÜRGERMEISTER: Du meinst, ich habe dein Vertrauen enttäuscht.

MIRCEA: Das ist nicht das Schlimmste ...

BÜRGERMEISTER: Was dann?

MIRCEA: Du hast uns belogen ... belogen, indem du uns in Unwissenheit gelassen hast ... Und nicht nur das ... *Ruhig:* Du hast es geschafft ... daß jeder ... sich selbst belog ...

BÜRGERMEISTER: Ich gebe dir einen Rat, nimm die Binde.

MIRCEA: Gib dir keine Mühe.

BÜRGERMEISTER: Ich wiederhole nicht gern.

MIRCEA: Es ist zu spät ... Nie werdet ihr das erreichen bei mir ... Bei mir nicht, und bei den andern nicht ... Dafür werde ich sorgen ... *Mircea reißt sich los. Er nimmt die Hand von seinem Gesicht, steht eine Sekunde wie geblendet da, stolpert mit vorgestreckten Händen zur Verandatreppe, erwischt einen Pfosten.*

Gaspar will ihn verfolgen, der Bürgermeister winkt überlegen ab, er ist seiner Sache sicher.

CARLA: Vorsicht ... die Stufen ... geben Sie acht!

Mircea geht die Stufen hinab. Gaspar verfolgt ihn mühelos, läuft an ihm vorbei, erwartet ihn dort, wo es zum Ort geht. Mircea beginnt unsicher zu laufen, alle sehn ihm zu.

Mircea! Vorsicht!

Mircea erreicht Gaspar. Gaspar stellt ihm ein Bein. Mircea stürzt, will sich aufrichten, erfaßt die Beine Gaspars, der ruhig und überlegen vor ihm steht. Mircea läßt sich zurückfallen.

BÜRGERMEISTER *zu den Trägern*: Vorwärts ... Tut eure Pflicht.

Die Träger nehmen die Bahre auf, tragen sie von der

Veranda. Der Bürgermeister geht der Bahre hinterher. Am Treppenabsatz bleibt er vor Radbruch stehen.

Nun, Doktor? Gehn wir . . . Hier wird uns nichts mehr überraschen.

Sie folgen der Bahre. Gaspar hilft Mircea aufzustehen. Er führt ihn ab. Alle ab. Carla sieht ihnen nach. Das Licht wird schwächer. Aus dem Türeingang Alf; er wirkt verstört.

ALF: Ist dort jemand? *Pause.* Wo seid ihr?

CARLA *langsam sich ihm zuwendend*: Ich bin hier.

ALF: Faß mich an.

CARLA: Ja, Alf.

ALF: Laß mich – nicht los.

CARLA: Ich laß dich nicht los.

ALF: Sind wir allein?

CARLA: Allein, ja.

ALF: Ich möchte mich setzen.

CARLA: Am Tisch?

ALF: Hier.

CARLA: Setz dich.

Alf setzt sich mit dem Rücken gegen den Türpfosten.

ALF: Ich habe Tabak . . . Krümel . . . eine ganze Hand voll . . .

CARLA: Wie gut.

ALF: Nur Papier . . . es ist kein Papier zum Drehen da.

CARLA: Ich besorg es.

Carla zögert, geht zum Tisch, nimmt eins der Hefte mit den eingetragenen Schädelmessungen. Sie öffnet das Heft, liest, blickt auf Alf, reißt eine Seite heraus.

ALF: Gutes Papier? . . . Zeitung?

CARLA: Schreibpapier. *Sie gibt ihm das Papier.*

Alf bemißt es, reißt ein Stück heraus.

Soll ich es versuchen?

ALF: Nein ... o nein ... Das muß ich selbst machen. *Er dreht eine Zigarette. Mit Genugtuung:* Siehst du? Ist sie nicht schön geworden? Sag, ist sie nicht rund und ebenmäßig!

CARLA: Sehr gut, Alf.

ALF: Nur Feuer – Feuer kannst du mir geben.

Carla tut es.

Alf raucht.

Carla setzt sich neben ihn. Er lehnt sich leicht gegen ihre Schulter.

Pause.

Vorhang

Wer Bücher schenkt . . .

Nicht alle Förster sind froh

EIN DIALOG

PERSONEN

HANS
GEORG

Karger Büroraum einer Telefonseelsorge. Hans und Georg.

Georg ist offensichtlich bemüht, seinen Aufbruch zu verzögern.

HANS: Willst du nicht gehen, Georg? Das ist jetzt meine Wache.

GEORG: Gleich, Hans, gleich. Ich will nur noch meine Notizen wegschließen.

HANS: Vor einer halben Stunde hat meine Wache begonnen. Du bist noch immer hier.

GEORG: Ich bin noch immer hier, ja. Aber jetzt gehe ich. Jetzt bin ich fertig, wirklich.

HANS *mit gespieltem Argwohn*: Oder seid ihr unzufrieden? Sag ruhig, wenn ihr unzufrieden seid.

GEORG: Alle haben Vertrauen zu dir, Hans.

HANS: Das ist etwas anderes. Man kann zu einem Vertrauen haben und trotzdem mit ihm unzufrieden sein. Vielleicht fehlt es mir an Erfahrung.

GEORG: All unsere Erfahrungen reichen nicht aus, nicht in der Seelsorge. Bei dem, was wir hier tun, kann es nicht genügend Erfahrung geben.

HANS: Oder sollst du mir helfen?

GEORG *setzt sich, gießt sich Tee ein*: Helfen? Wie denn? Dir den Hörer aus der Hand nehmen? Mit deiner Stimme weitersprechen?

HANS: Du bist von Anfang an dabei. Du weißt, worauf es ankommt.

GEORG: Ich weiß genau soviel wie du. Wenn das Telefon

klingelt, komme ich mir vor wie im Examen. Mittlerweile höre ich es überall klingeln: in den Anlagen am Fluß, sogar im Stadtwald. Keiner weiß hier mehr als der andere.

HANS: Wenn du den Auftrag hast, mir zu helfen, mich zu kontrollieren –

GEORG: Niemand hat diesen Auftrag, Hans; wirklich.

HANS: Erwartest du etwas? Warum sagst du nichts? Bist du hier geblieben, weil du etwas erwartest?

GEORG: Ich will nur meinen Tee austrinken. *Er tut es.*

HANS: Einen Anruf, den du nicht mir überlassen möchtest? Sag doch, erwartest du einen Anruf?

GEORG: Ja.

HANS: Die alte Lehrerin?

GEORG: Möchtest du Tee? Ich hab ihn aufgegossen, kurz bevor du kamst.

HANS: . . . die von ihrer Nichte drangsaliert wird? Nein, danke.

GEORG: Sie hat angerufen, wie immer. Ebenfalls der Schauspieler. Unsere Stammkunden haben sich prompt gemeldet . . . Willst du nicht anfangen? Es stört mich nicht.

HANS *beschäftigt sich mit einem Stoß alter Zeitungen mit Sammlerfreude*: Du mußt dir mein Archiv einmal ansehen, Georg: vierzehn Ordner . . . Nur Artikel und Nachrichten über die Weltraumfahrt . . . Alle selbst ausgeschnitten.

GEORG: Du kannst ruhig anfangen . . . mit deinem Waidwerk.

HANS: Waidwerk?

GEORD: Die alten Zeitungen auszuwaiden.

HANS: Und welch einen Anruf erwartest du? Kenn ich den Fall?

GEORG: Ich weiß nicht.

HANS: Haben wir nie darüber gesprochen?

Das Telefon klingelt.

GEORG: Das Telefon, Hans.

HANS: Willst du?

GEORG: Es ist deine Wache. Nimm ruhig ab. Nimm schon.

HANS *nimmt den Hörer auf. Lauscht. Legt wieder auf*: Falsch verbunden.

GEORG: Angst.

HANS: Was sagst du?

GEORG: Ich sagte, es war nicht falsch verbunden. Es war Angst. Die übliche Angst, vor dem Anfang.

HANS: Vielleicht war es dein Anrufer. Vielleicht erwartete er, deine Stimme zu hören.

GEORG: Er wird nicht mehr anrufen. Laß dich nicht aufhalten . . . Sieh die Zeitungen durch.

HANS: Warum, Georg? Warum wird er nicht anrufen? Du hast bis zuletzt gewartet. Du wartest jetzt noch.

GEORG: Es ist vorbei.

HANS: Machst du dir Sorgen?

GEORG *bilanzierend undurchsichtig*: Ich hab einen Fehler gemacht, Hans . . . Vielleicht meinen größten Fehler, seit ich das hier mache: Telefonseelsorge.

HANS: Eine Frau?

GEORG: Nein, es war keine Frau. Es war ein Mann. Ein Förster.

HANS *mit vorgegebener Überraschung*: Das hat's noch nicht gegeben: Ein Förster. Rief er von außerhalb an?

GEORG: Aus dem Wald. Aus einer Dachshöhle. Mitten aus einer Dachshöhle, ja.

HANS: Entschuldige, Georg. Das ist mir so rausgerutscht.

GEORG: Er hat sogar seinen Namen genannt, mehrmals. Ich hab ihn darauf aufmerksam gemacht, daß er mir nichts zu sagen brauchte: Keinen Namen, keine Adresse.

HANS: In einer dieser Zeitungen, die ich durchsehe ... neulich ... es muß auf einer Filmseite gewesen sein ... Ein neuer Film wurde angekündigt, unter dem Titel: Alle Förster sind froh.

GEORG: Er rief zweimal an. Er schien völlig verzweifelt.

HANS: Schien? Du sagtest: er schien es zu sein?

GEORG: Vielleicht täusche ich mich. *Er will gehen.*

HANS: Setz dich doch hin.

GEORG: Es ist deine Wache. Ich will gehn.

HANS: Setz dich hin, Georg. Was wollte er?

GEORG *setzt sich*: Was? Einen Ratschlag, was sonst. Einen Ratschlag, wo nichts zu raten war.

HANS: Dir fiel immer was ein. In jeder Lage. Wirklich.

GEORG: Offenbar hat er einen Sohn.

HANS: Der Förster.

GEORG: Einen Jungen von sechs, schätze ich. Christoph. Er geht noch nicht zur Schule.

HANS: Dich hat noch niemand in Verlegenheit gebracht.

GEORG: Ein kleiner Junge, und wenn du den Beruf des Vaters erfährst, hast du doch gleich ein fertiges Bild vor Augen: die Kulissen öffnen sich, du siehst, wie er heranwächst.

HANS: Mit Fuchs und Eichhörnchen.

GEORG: Beispielsweise.

HANS: In grüner Waldeinsamkeit.

GEORG: Jedenfalls im Forsthaus; allein, ohne Spielkameraden.

HANS: Dafür mit den Hasen auf du und du.

GEORG: Wart nur ab. Alles begann offenbar in den großen Ferien. In den Sommerferien. Der Junge lief fort.

HANS: Von zu Hause?

GEORG: Soviel ich verstehen konnte, durfte er beim Kartenspiel nicht zusehen. Am Abend trafen sich einige Förster zum Kartenspiel. Christoph durfte nicht zusehen, obwohl sein Geburtstag war. Am nächsten Morgen verschwand er.

HANS: Man hat ihn wiedergefunden?

GEORG: Am kleinen Franzosen-See. Es scheint dort ein Gewässer zu geben, im Wald. Ich weiß nicht, warum es Franzosen-See heißt. Der See soll flach sein, dunkel, voll von Ästen und Blättern, ein Waldsee. Christoph saß im Schilf.

HANS: Ausschluß . . . Sie hatten ihn ausgeschlossen am Abend vorher.

GEORG: Sie suchten ihn einen ganzen Nachmittag. Waldarbeiter halfen. Christoph hatte sich im Schilf ein Lager gemacht, eine Hütte.

HANS: Ist er das einzige Kind?

GEORG: Sie standen vor dem See; da hörten sie seine Stimme. Er sprach mit Mildi. Er warnte sie.

HANS: Er war nicht allein?

GEORG: Er warnte sie, als er die Rufe hörte. Mildi ging tiefer ins Schilf und versteckte sich. Ein Mädchen, so alt wie er. Sie brachten ihn gewaltsam nach Hause.

HANS: Bedien dich, falls du noch Tabak willst.

GEORG: Und dann schlossen sie ihn ein.

HANS: Zur Strafe.

GEORG: Sie hielten ihn zwei Tage eingesperrt. Durch die Tür hörten sie ihn reden. Das Mädchen kam und besuchte ihn. Mildi, ja. Christoph rührte sein Essen nicht an, zwei Tage, so lange sie ihn eingeschlossen hatten.

HANS: Das Mädchen durfte ihn also besuchen.

GEORG: Es kam und ging. Es kam, wenn er es wollte, und ging, wenn er es wollte.

HANS: Und das hältst du für möglich?

GEORG: Es soll ihn getröstet haben . . . Mildi. Er hatte sie sich erfunden. Das Mädchen gab es nur für ihn.

HANS: Er erfand sich, was er brauchte. Beneidenswert.

GEORG: Wart ab. Jetzt bleibe ich wirklich sitzen, obwohl es deine Wache ist. Entschuldige, Hans.

HANS: Mildi, den Namen hat er also erfunden, der Junge.

GEORG: Sie hatte natürlich eine Herkunft. Ich hab mir alles zusammengesetzt. Und ich glaube, ihn richtig verstanden zu haben . . .

HANS: . . . den Förster.

GEORG: . . . daß sie eine Tochter von Kuppa war. Kuppa wohnte im Franzosen-See, du weißt schon: manchmal war sein fächelnder Bart im Wasser zu sehen. Oder sein Knollengesicht. Oder seine Hand ragte zwischen den Ästen hervor. Der Junge nannte ihn also Kuppa. Frag mich nicht, warum.

HANS: Namen soll man auf sich beruhen lassen.

GEORG: Eben. Kuppa wohnte im Franzosen-See. Man kann sich denken, daß er zu erkennen war, wenn die

Sonne schräg auf das Wasser fiel. Zu hören bekam man ihn bestimmt auch, wenn man nur lange genug horchte, wenn man «richtig» horchte.

HANS: Ein Angstmacher allem Anschein nach.

GEORG: Kein freundlicher Mann, dieser Kuppa. Und Mildi war seine Tochter: Sanft, möchte ich annehmen, vielleicht lieblich, jedenfalls unschuldig verstört.

HANS: So hat's der Förster nicht gesagt, Georg.

GEORG: Aber so ähnlich. Er bot mir so vieles an, was seine Verzweiflung glaubhaft machen sollte. Er meinte, alles sei unentbehrlich zum Verständnis.

HANS: Das heißt: du glaubst ihm nicht? Du zweifelst an seiner Geschichte?

GEORG: Er hat was gemerkt . . . Er hat gemerkt, was er Christoph schuldig war, nachdem er den Jungen zwei Tage eingesperrt hatte.

HANS: Er hätte ihn nicht ausschließen dürfen.

GEORG: Gleich nach der verbüßten Strafe, in der Dämmerung, nahm er den Jungen mit, auf die Schnepfenjagd. Muß etwas Besonderes sein, reglos in der Dämmerung zu sitzen, am Rand des Franzosen-Sees, und auf den Strich der Schnepfen zu warten.

HANS: Der Junge begleitete ihn.

GEORG: Schweigend. Christoph fühlte sich gezwungen. Oder sagen wir: sein Mißtrauen überredete ihn, die Einladung als Entschuldigung anzusehen. – Gib mir auch noch etwas Tee.

Hans tut es.

Danke.

HANS: Das war sie ja auch. Ich meine: gleich nach der Strafe die Belohnung: das war zu durchsichtig.

GEORG: Jedenfalls, sie saßen in der Dämmerung und warteten auf Schnepfen. Der Junge starrte nur auf den kleinen See. Er zitterte. Sein Gesicht glänzte vor Schweiß. Er wartete nicht auf Schnepfen. Kann sein, daß sich über dem kleinen Waldgewässer Nebel hoben: da gab es genug zu sehen, zu erkennen.

HANS: Kuppa zum Beispiel.

GEORG: Sein Vater merkte nicht, wie er sich erhob. Auf einmal lief der Junge ins Schilf ... stürzte sich ins Schilf. Er watete zu seinem Lager.

HANS: Dort saß das Mädchen und wartete auf ihn?

GEORG: Ja, aber es ging nicht mit. Es floh nicht mit ihm. Schließlich mußte er es zurücklassen, weil er nach Hause gebracht wurde.

HANS: Mildi besuchte ihn doch hoffentlich?

GEORG: Kuppa ... Kuppa besuchte ihn ... jetzt begann die Zeit mit Kuppa. Und der war überall. Der zog die Angst immer enger ums Haus.

HANS: Wie meinst du das?

GEORG: Kuppa belagerte das Haus. Er wollte Christoph auflauern. Er war allgegenwärtig. Aus dem Schatten floß er hervor. Am Abend zeigte er sich am Fenster. Oder er hob die Bettdecke des Jungen auf, nachts, wenn er schlief.

HANS: Kuppa war gegen das Bündnis?

GEORG: So ist es. Er war gegen das Bündnis zwischen dem Jungen und seiner Tochter. Kann sein, daß er sich rächen wollte dafür, daß der Junge Mildi auf seine Seite gebracht hatte.

HANS: Du redest wie der Förster. Wirklich, Georg, du redest, du redest, als ob du d e i n e Geschichte zu erzählen hättest. Ich höre die ganze Zeit den Anrufer sprechen.

GEORG: Für Christoph jedenfalls begann die Angst am Morgen. Der Vater nahm ihn sich vor. Es half nicht. Während der Vater ihn zu beruhigen versuchte, brauchte der Junge nur unter die Holzveranda zu gucken: da lag Kuppa. Die Mutter hatte es aufgegeben, Christoph in ihrem Sinne zu beeinflussen. Sie behandelte ihn wie einen Erwachsenen. Sie richtete es so ein, daß sie immer in seiner Nähe war. Was sich ihr bot –: ein Bild schweigender Angst.

HANS: Immerhin wußten sie, was mit ihm los war.

GEORG: Ja, Hans, das wußten sie. Und weil sie es wußten, hatten sie sich eine Menge vorzuwerfen. Nicht nur einander: auch sich selbst –: vorzuwerfen.

HANS: Ich sagte ja, es begann damit, daß sie ihn ausschlossen. Da fing alles an, an diesem gewissen Abend, an seinem Geburtstag.

GEORG: Wart nur ab. Der Junge war jetzt am liebsten bei den Waldarbeitern. Er saß stundenlang auf einem Stubben. Er sah zu, wie sie die Stämme schnitten und schälten.

HANS: Bis Kuppa auftauchte?

GEORG: Seine Mutter wollte ihn holen. Einmal erschien sie dort, um ihn nach Hause zu holen – sie hatte ihm seinen Lieblingskuchen gebacken. Er riß sich los. Er schlug auf ihren Arm ein.

HANS: Und danach lief er zum Franzosen-See.

GEORG: Er wollte zum Franzosen-See. Einer der Waldarbeiter brachte ihn nach Hause. Die Mutter sagte nichts mehr. Nach einem Gespräch mit ihrem Mann sagte sie nichts mehr.

HANS *scheinheilig*: Und der Förster?

GEORG: Der Förster?

HANS: Als er dich anrief: was befürchtete er da?

GEORG: Ein Unglück. Er sah ein Unglück entstehen, obwohl er noch nicht wußte: welch ein Unglück. Es war alles so weit, daß etwas geschehen mußte.

HANS: Mit dem Jungen?

GEORG: Auch mit der Frau. Sie sagte nichts mehr. Und er fühlte sich schuldig.

Das Telefon klingelt.

HANS: Willst du ans Telefon? Vielleicht ist es dein Anrufer?

GEORG: Er ist es nicht. Laß es klingeln. Hör zu.

HANS: Es ist meine Wache, Georg.

Das Telefon klingelt.

GEORG: Er wird schon wieder anrufen. Hör zu! Als der das erste Mal anrief ... Als er mir diese Geschichte erzählte, ratlos und anscheinend verzweifelt –

HANS: Der Förster –

GEORG: – ja. Ich weiß nicht, was du ihm geraten hättest. Zum Schluß bat er mich um einen Ratschlag. Ich hatte ihm lange genug zugehört: er durfte einen Ratschlag erwarten.

HANS *erleichtert*: Jetzt hat er's aufgegeben ... Der Anrufer, meine ich.

GEORG: Ich riet ihm, die Quelle der Angst zu beseitigen ... Ja, Hans ... ich riet ihm, sich etwas auszudenken, um Christoph die Angst zu nehmen.

HANS: Und für die Angst sorgte Kuppa.

GEORG: Ich machte ihm keinen genauen Vorschlag. Nur, daß der Junge aufhören müßte, sich zu ängstigen: das sagte ich ihm. Und so werde ich es auch in meinem Bericht schreiben, falls es notwendig sein sollte.

HANS: Sah er das ein?

GEORG: Er richtete sich danach. Und weißt du, was er tat?

HANS: Treibjagd auf Kuppa?

GEORG: An einem Abend nahm er den Jungen mit. Er zwang ihn wohl, mitzugehen. Zum Franzosen-See natürlich. Beide saßen vor dem dunklen See. Der Förster sprach von Kuppa, von seiner Gefährlichkeit. Dann kam der Nebel –

HANS: – und Kuppa ließ nicht auf sich warten, oder?

GEORG: Kuppas Bart war zu sehen, seine Hand im Astwerk. Er war da.

HANS: Das dachte ich mir.

GEORG: Er hatte seine Schrotflinte mit. Er lud sie, als Kuppa einwandfrei zu erkennen war. Und er richtete die Flinte auf den See – der Junge brauchte nur abzudrücken. Ja, Christoph sollte es tun. Er sollte selbst Kuppa den Garaus machen.

HANS: Die Angst mit Schrot spicken.

GEORG: Ja, so kann man es nennen. Aber der Junge wollte nicht. Er konnte nicht oder wollte nicht. Er brauchte nur abzudrücken, sein Vater hielt das Gewehr, doch dem Jungen gelang es nicht.

HANS: Also schoß er selbst.

GEORG: Da er ihn nicht dazu bringen konnte, den Abzug zu berühren, schoß er schließlich selbst, ja. Kannst du dir vorstellen, wie die Schrotladung ins Wasser schmetterte? Am Abend. Im beginnenden Nebel. Da geschah etwas im Wasser.

HANS: Ich hoffe, es hat Kuppa erwischt.

GEORG: Es hatte ihn erwischt: all die schwarzen Blätter, die hochkamen ... das Astzeug, das auseinanderspritzte: Kuppa war getroffen, ohne Zweifel.

HANS: Und jetzt, Georg, jetzt möchte man fast voraussagen, was weiter geschah.

GEORG: Dann sag es. Warum sagst du es nicht?

HANS: Jedenfalls: der Schuß hatte nicht die gewünschte Wirkung: ist das richtig?

GEORG: Christoph lief ans Ufer ... Die Wirkung, er wollte die Wirkung des Schusses beobachten. Und nachdem sich alles beruhigt hatte –

HANS: – entdeckte er die Reste von Kuppa, oder?

GEORG: – rief er das Mädchen. Er ging am Saum des Schilfs entlang und rief Mildi. Offenbar konnte er keine Antwort erhalten.

HANS *gequält, belustigt*: Sie hat doch hoffentlich nichts abbekommen, von der Schrotladung?

GEORG: Der Schuß ... allem Anschein nach hat der Schuß etwas anderes bewirkt, als der Förster gedacht hatte. Christoph konnte das Mädchen nicht finden.

HANS: Aber die Angst, hörte die Angst auf?

GEORG: Sie hörte auf. Die Angst hörte auf, ja. Christoph suchte das ganze Ufer des Franzosen-Sees ab. Er rief. Er horchte. Dann legte er sich einfach hin, als wenn er warten wollte.

HANS: Worauf? Sagte er nicht, worauf er wartete?

GEORG: Sein Vater mußte ihn nach Hause tragen. Er war nicht bereit, mitzugehen. Und seit diesem Tag schien der Junge die Sprache verloren zu haben. Er antwortete nicht mehr. Sie konnten machen mit ihm, was sie wollten: Christoph blieb stumm.

HANS: Und was machten sie mit ihm?

GEORG: Na ja, sie umstellten ihn mit Verboten. Er durfte das Haus nicht verlassen.

HANS: Noch Tabak?

GEORG: Danke ... Er durfte nur bis zur Verandatreppe. Aber: willst du nicht voraussagen, was dann geschehen ist? Traust du dir's zu? Nicht?

HANS: Vermutlich schloß er sich ein. Freiwillig.

GEORG: Er ging freiwillig ins Bett. Er wollte sein Bett nicht verlassen. Man sagte mir, der Junge sei krank geworden. Es war in dieser Zeit, da meldete sich der Anrufer zum zweitenmal.

HANS: Der Förster.

GEORG: Ja, Hans. *Dringend, mit schwerwiegendem Eingeständnis:* Und da hab ich einen Fehler gemacht. Einen großen Fehler.

HANS: Hat er dich um Rat gebeten?

GEORG: Er hat mich auch um Rat gebeten, ja. Er schien sehr verzweifelt. Er schien nicht mehr weiter zu wissen. Der Junge, er war weggelaufen. Sie hatten ihn gerade noch herausholen können.

HANS: Aus dem Franzosen-See?

GEORG: Es scheint da eine sumpfige Ecke zu geben. Sie konnten ihn gerade noch herausholen.

HANS: Und was rietst du ihm?

GEORG: Ihn nicht an die Kette zu legen. Ja. Ich riet ihm, den Jungen gehen zu lassen. Christoph war nur darauf aus, das Mädchen wiederzufinden; Mildi. Diese Chance sollten sie ihm geben. Sie wußten ja, wo er sie suchen würde.

HANS: Du meinst den Franzosen-See.

Georg: Dort hätten sie ihn selbst jederzeit finden können.

Hans: War das der Fehler?

Georg: Und auf einmal kamen mir Zweifel: wenn sie ihm erlaubten, das Haus zu verlassen ... Wenn er – auf der Suche nach dem Mädchen – in den Sumpf geriet ... wenn ihm etwas zustieße –

Hans *unruhig*: Ich sagte, Georg, war das der Fehler, den du gemacht zu haben glaubst?

Georg: Mir war nicht wohl nach meinem Ratschlag ... Auf einmal, Hans, je länger ich darüber nachdachte ... ich glaubte, den Rat nicht mehr verantworten zu können. – Welcher Art mein Fehler war?

Hans: Ja. Du sagtest, du hast einen Fehler gemacht.

Georg: Das hab ich. *Mit unheilvoller Gelassenheit*: Dieser Fehler bestand darin, daß ich hier aufräumte.

Hans *bestürzt*: Aufräumte?

Georg: Die Zeitungen. Die Ausschnitte. Das viele Papier, das du zurückgelassen hast: einmal hab ich es weggeräumt. Auch deine Mappen weggeräumt.

Hans *unruhig*: Ist das dein Ernst?

Georg: Bei deiner Schnippelei: du hinterläßt mehr, als ein Papierkorb fassen kann. Ja. Und beim Aufräumen hab ich sie entdeckt.

Hans: Was? Was hast du entdeckt?

Georg: Die Geschichte, Hans. Alles, was ich dir eben erzählt habe. Diese Geschichte von dem Jungen, der sich erfindet, was er braucht, jemand, der mit ihm spielt; und jemand, der für die Angst sorgt.

Hans: Das begreif ich nicht.

Georg: Die Geschichte – sie war aus einer Zeitung ausgeschnitten. Allerdings hatte sie dort ein Ende. Ein schlimmes Ende, wie's nötig ist: auf der Suche nach dem Mädchen verunglückt der Junge im Sumpf des Franzosen-Sees. – Du siehst mich so an? Verstehst du nicht?

HANS: Alles, was du mir erzählt hast, stand also in einer Geschichte?

GEORG: Ja. Es stand in der Geschichte. Weißt du's nicht mehr? Du hast sie doch ausgeschnitten.

HANS: Hatte sie – einen Titel?

GEORG: Du hast ihn schon genannt.

HANS: Ich?

GEORG: Nicht alle Förster sind froh.

HANS: Aber so, Georg . . . das war der Titel eines neuen Films. Ich erinnere mich.

GEORG: So hieß auch die Geschichte: Nicht alle Förster sind froh.

HANS *mit beharrlicher Verstellung*: Heißt das: dich hat niemand angerufen? Es gibt weder den Förster noch den Jungen? Hast du nichts weiter getan, als mir diese Geschichte zu erzählen? Nachzuerzählen?

GEORG: Nein, Hans.

HANS: Was dann?

GEORG: Mir wurde diese Geschichte aufgetischt. So, wie sie auf dem Ausschnitt zu lesen war, wurde sie mir am Telefon verabreicht. Jemand gab sie als seine Geschichte aus.

HANS: Das vermutest du.

GEORG: Das weiß ich. Jetzt weiß ich es.

HANS: Um dich reinzulegen?

GEORG: Um mich zu überprüfen. Ja, Hans, man wollte

mich überprüfen. Welche Ratschläge ich gebe ... was meine Ratschläge wert sind ... wie ich Anteil nehme: all das wollte man herausbekommen.

HANS: Du meinst, man wollte dich kontrollieren?

GEORG: Man hat mich kontrolliert. Man wollte erfahren, wieviel ich noch tauge ... Du weißt, mir ist einmal ein Mißgeschick passiert.

HANS: Mit dem Studenten.

GEORG: Mit dem Studenten, ja. Er redete so lange von der Notwendigkeit, Selbstmord zu verüben, bis es mich anödete ... bis ich ihm lakonisch riet, es doch zu tun. Ich wollte ihm den Mut nehmen. Ich erreichte das Gegenteil.

HANS: Und wer, Georg? Wer wollte dich kontrollieren?

GEORG *gelassen*: Du.

HANS: Das glaubst du doch selbst nicht.

GEORG: Du hast es getan. Vielleicht hast du einen Auftrag bekommen. Vielleicht hast du dir auch einen Auftrag verschafft. Zuerst fiel ich auch rein.

HANS: Wir arbeiten so lange zusammen.

GEORG: Das schließt nichts aus. Nichts. Du hast die Geschichte gelesen. Du hast sie deinem Bruder erzählt. Und dein Bruder war es, der mich anrief. Dein Bruder Johannes. Er hat hier in deinem Auftrag angerufen.

HANS *in Protesthaltung*: Beweisen, Georg. So etwas muß man beweisen.

GEORG: Nicht mit dir ist man unzufrieden, sondern mit mir ... Dein Bruder war gut. Ich hab ihm alles geglaubt – bis auf eins: seine Verzweiflung, die konnte ich ihm nicht abkaufen. Die Geschichte hat er gut serviert. In deinem Auftrag.

HANS: Das behauptest du.

GEORG: Hör zu, Hans, ich hab dort angerufen, um dich zu sprechen. Dein Bruder war am Apparat. Die Stimme des Försters ist seine Stimme. Außerdem – ich hörte, wie er seinen Sohn berief. Sein Sohn heißt Christoph. Genügt dir das?

HANS *kapituliert*: Gut, Georg. Da du schon dies weißt –

GEORG: Ich weiß noch mehr. Der Titel der Geschichte, die du ausgeschnitten hast: auch das ist ein Beweis.

HANS *rechtfertigend*: Ich wollte sagen: es trifft zu. Es sind Beschwerden gekommen deinetwegen.

GEORG: Du warst gegen mich. Von Anfang an. Du warst mit der Art nicht einverstanden, wie ich hier gearbeitet habe. Und mit dieser Geschichte wolltest du mich fertigmachen.

HANS: Fertigmachen? Wie meinst du das?

GEORG: Ich habe dem Anrufer geraten, den Jungen gehen zu lassen, überallhin. Ja, das war mein Ratschlag. Und weißt du, was danach geschehen wäre? Genau das, was in der Geschichte geschehen ist: der Junge wäre im Sumpf des Franzosen-Sees umgekommen. Das hättet ihr mir beigebracht. Ja, Hans, dies Gewicht hättet ihr mir angehängt. Nach dem Studenten damals, jetzt dies: sieh doch selbst, wieviel deine Ratschläge taugen . . . wozu sie führen.

HANS: Ich würde vorsichtiger sein, Georg. Ich an deiner Stelle würde mehr achtgeben.

GEORG: Die ist vorbei, die Zeit der Vorsicht.

HANS: Was heißt das?

GEORG: Ich geh hier. Ich quittiere hier. Kann sein, daß ich das zu lange gemacht hab; ich bin von Anfang an dabei. Vielleicht ist das Zuhören nicht mehr meine Stärke. Vielleicht hab ich auch zuviel erfahren, und jetzt kommt die Zeit, wo ich selbst sprechen möchte. Man ist ja nicht sicher.

HANS: Nicht sicher?

GEORG: – daß man eines Tages d i e nötig hat, die einen bisher selbst nötig hatten. Ich meine, Hans, es ist möglich, daß du von mir hörst. Vielleicht direkt, vielleicht indirekt. Es ist sehr gut möglich. Sonderbare Warnung: Meine Stimme wirst du gewiß erkennen. Ich hoffe es zumindest.

HANS: Du solltest deutlicher werden.

GEORG: Noch deutlicher. Von jetzt ab, meine ich, mußt du darauf gefaßt sein, daß ich der Anrufer bin, der deinen Rat braucht ... An Beispielen fehlt es nicht ... an Beispielen der Ausweglosigkeit ...

Das Telefon klingelt.

HANS: Ich hab's gehört.

GEORG: Es ist deine Wache. Willst du nicht rangehn?

HANS: Warum?

Pause.

GEORG: Vielleicht bin ich es schon. Vielleicht kommt schon dieser Anruf von mir.

Vorhang

INHALT

rororo handbuch

Zum Nachschlagen und Informieren

Handlexikon zur Literaturwissenschaft

Hg. von Diether Krywalski. Band 1: Ästhetik–Literaturwissenschaft, materialistische [6221]. Band 2: Liturgie–Zeitung [6222]

Lexikon der Archäologie

Warwick Bray / David Trump
Band 1: Abbevillien–Kyros der Große
Band 2: Labyrinth–Zweitbestattung
Mit 94 Abb. auf Tafeln u. zahlr. Textillustrationen [6187 u. 6188]

Lexikon der griechischen und römischen Mythologie

von Herbert Hunger mit Hinweisen auf das Fortwirken antiker Stoffe und Motive in der bildenden Kunst, Literatur und Musik des Abendlandes bis zur Gegenwart [6178]

Begriffslexikon der Bildenden Künste

in 2 Bänden. Die Fachbegriffe der Baukunst, Plastik, Malerei, Grafik und des Kunsthandwerks. Mit 800 Stichwörtern, über 250 Farbfotos, Gemäldereproduktionen, Konstruktionszeichnungen, Grundrissen und Detailaufnahmen.
Band 1: A–K [6142]
Band 2: L–Z [6147]

Künstlerlexikon

985 Biographien der großen Maler, Bildhauer, Baumeister und Kunsthandwerker. Mit 290 Werkbeispielen, davon 245 in Farbe. Bd. 1 [6165]; Bd. 2 [6166]

Comics-Handbuch

von Wolfgang J. Fuchs und Reinhold Reitberger. Das «Comics-Handbuch» bietet viel Anschauung, sachliche Informationen und Analysen; es gibt Interpretationshilfen und vermittelt Bewertungsmaßstäbe für alle, die sich aus Neigung oder Beruf mit Comics befassen. [6215]

Lexikon der Kunststile

in 2 Bänden. Mit 322 Abbildungen, davon 253 in Farbe. Band 1: Von der griechischen Archaik bis zur Renaissance [6132]; Band 2: Vom Barock bis zur Pop-art [6137]

Lexikon der Weltarchitektur

in 2 Bänden. Hg. von Nikolaus Pevsner, John Fleming und Hugh Honour. Auswahl und Zusammenstellung der Bilder Dr. Walter Romstoeck. Mit über 1000 Abbildungen. Band 1: A–K [6199]; Band 2: L–Z [6200]

rororo Schauspielführer von Aischylos bis Peter Weiss

Hg. von Dr. Felix Emmel. Mit Einführungen in die Literaturepochen, in Leben und Werke der Autoren; 100 Rollen- und Szenenfotos. Anhang: Fachwörterlexikon, Autoren- und Werkregister [6039]

rororo Musikhandbuch

Band 1. Musiklehre und Musikleben [6167]; Band 2. Lexikon der Komponisten, Lexikon der Interpreten, Gesamtregister [6168]

792/10–10a